U0001173

共讀美好的對話

開啟修心之門

方隆彰 著

Let's
Have a
Heart to Heart

對話，翻轉生命的契機

釋覺培

佛光山人間佛教讀書會執行長／國際佛光會秘書長

　　在坊間要找到讀書會的相關書籍其實並不難，但是能夠深刻探討讀書會的對話精神，恐怕就沒有太多來源可以參閱。很高興方隆彰老師繼《嚮往美感的讀書會》提供 99 則經營讀書會智慧心法後，再次出版了他的最新著作──《共讀美好的對話──開啟修心之門》。整本書由「共讀翻轉學習」與「學習翻轉生命」兩大主題所構成，前者以「共讀」拉開讀書會的精神，既然是「共讀」，就要彼此互相傾聽學習，佛教稱為「同參道友」，在不同觀點的聆聽中，突破自己慣性思惟的有限性。看似一本書或一篇文章，卻剎見來自同參共學者多元視角的世界；透過對話，展開書即展開了無限的生命。擺脫過去傳統「一言堂」的灌輸式教育，轉為開放交流的自主性學習，作者在文章中將這種學習的方式，形容從「餵食」到「覓食」的轉變，每一位參與者既是接收者，也是貢獻者。

　　誠如作者所言：「活在世界的價值，是將自己所能所有貢獻出來，讓他人受益，讓世界更美好，自己自然也會在其中有

所收穫。」而菩薩行者也正是從「利他」中完成「自利」。在這本書的第二大主題「學習翻轉生命」中，引出「利他」的背後必需啟動本自具足的覺性，從「自覺」到「覺他」也正是一條修行的道路。也因此，共讀後能知不足，知不足後能有所省思，回到生活中就是一連串的修鍊。從「知道」到「做到」，在通往「知行合一」之前，原本就是一步一腳印的過程，既要磨掉稜稜角角的個性，還要修剪煩惱的葛藤，若沒有「被喚醒」的「自覺」，沒有「自覺」後的「起修」，又如何「翻轉」生命？

也因此，「自覺」要從自發性開始，不只透過閱讀與對話中敏銳覺照，還可以用「寫日記」的方法，從生活中將所「發生」的客觀材料，進行觀照與思考，「發現」其內在世界的詮釋與映照，從而對自己有所調整與「發展」。作者將「四層次」運用到日記的書寫，留下的文字正是生命「進化」的軌跡。這讓我聯想到毛毛蟲破繭而出成為蝴蝶，最後展翅飛向天空時，回首那曾經的黑暗，早已過眼雲煙。問題是：身而為人的我們呢？

總還在多生多世的煩惱黑暗中，找不到破繭的出口，殊不知解鈴人還需繫鈴人，是毛毛蟲到底也是蝴蝶，星雲大師說：「離開生活，談不上修行」，能不能雲過天青，就在每日的生活裡不斷地「自覺」與「轉化」，否則又哪來的「煩惱即菩提」呢？

身為一個出家人，我始終相信這人間處處有菩薩，當我讀到作者曾經期待能得遇貫通古今、具儒者之風的「人師」，殊不知「好老師」的定義早已在作者的身上展現。當一個老師將其角色視為「聖職」，不敢率性、隨興而為，站在講台的那一刻，承擔的是一份對學習者全然的接納，且時時自我要求「紀律自修」、「踏實踐行」，如此以「虛懷若谷」的態度，盡一己所能利他的老師，又怎能不讓人尊敬與佩服！而這樣的菩薩，不就正在人間嗎？

這是一本教會我們從共讀的「對話」中發展學習，在不斷的釐清、判斷與抉擇的「自覺」歷程中，持續修正與踐行，最後足以翻轉生命的人，也正是自己。

星雲大師曾說：「讀書，是自我心靈的探險」，願每一位讀者，都能藉由這本書的啟發，深信讀書的力量，深信自我探索的力量，深信對話的力量，乃至深信自覺轉化生命的力量！

讀書會，生命的加持與祝福

林美琴
讀書會帶領人／培訓講師

結識方隆彰老師在台灣讀書會蓬勃發展的西元二〇〇〇年前後，那時政府大力推廣「書香滿寶島」的文化政策，鼓勵各社區、機構成立讀書會，並策辦讀書會帶領人培訓和年度「讀書會博覽會」，各地讀書會會友匯聚一起交流分享。方老師和我是培訓講師，多年來也一起見證了台灣讀書會的演變與發展，因此，更能領會書中讀書會的觀察與思考、帶領經驗淬鍊的心法，以及讀書會對於人生助益的實證，不僅是給想參與讀書會者的一把鑰匙，也是為已參與者捻亮了一盞明燈，更是讀書會帶領人精進修練的寶典。

「讀書會」望文生意即是讀書的聚會，在這個基本立意下卻呈現了各式的樣貌，有的讀書會主力在聯誼，以書會友，至於書本內容讀進多少，就不是重點了；有的類似導讀，藉由專業的讀書人說書給參與者聽；或是固定議程的讀書會，帶領人的職責比較像是會議主持人，負責引言與介紹流程，由會員輪流擔任導讀及指定分享的職務；還有讀書會類似心理小團體，

從閱讀進行心理分析及治療；另外也有準備考試而發起的類似溫書或猜題的讀書會⋯⋯，而方老師在書中談及的讀書會是他多年來帶領的讀書會形式，由帶領人引領參與者從閱讀材料進行對話與討論，所有的參與者也皆是學習的貢獻者，帶領人不是知識灌輸者，而是帶動群體交流與覺察，啟發內省、轉變與成長的共讀團體。

在眾多的讀書會樣貌裡，方老師特別從學習的意涵來為讀書會定調，從「讀書」與「聚會」談起，若是以讀書為目的來參與聚會，那麼與會者對於讀書的想像為何？一個人獨自閱讀與眾人一起閱讀，除了激勵自己多讀書以外，是否還有更深刻的意義？因此，書中一再闡述讀書會的學習不是被動的知識接收，更在於自主學習與自我覺察，而這閱讀行為的解讀也說明了讀書會從「聚會」到「交會」的意義，藉由書本、作者、自己以及共讀者的對話與討論，交流閱讀的思考、感受、聯想、觀點和疑惑等等，帶領人引領這過程順暢進行，從閱讀材料的

客觀理解到個人主觀見解的思辯，這樣的讀書會學習的不只是閱讀材料的內容，更深化為自身生命狀態的覺察，進而產生改變的願力與行動，生命得以重整與更新，這知、覺、證的學習歷程，帶動人生的翻轉，正是讀書會「共讀」的非凡意義。

因此，書中從「共讀翻轉學習」談起，論述讀書會的學習意涵、釐清帶領人的角色定位與知能，來到第二部分「學習翻轉生命」的篇章，雖然談的是親子、婚姻乃至於群體人際相處的日常，但卻與讀書會的論述意念相通，因為讀書會習得的對話與覺察，有助於生活當下的敏銳感知，得以梳理生命的處境，汲取源頭活水安頓身心，篤定走向前行的道路。

對於同樣帶領與培訓讀書會的我而言，相信這本理論與實例相互印證、學習與生命交融的書，能夠讓更多人認識與親近讀書會，並從讀書會的學習裡歡喜成長。從共讀的「發生」到對話的「發現」，進而「發展」生命美好的想望與實踐，這樣的讀書會是人生的加持與祝福，因為不僅看見閱讀美好的樣子，也發現了生命自在翱翔的姿勢。

真正的「翻轉」，由「心」開始

王進財

任林教育基金會董事長

　　方隆彰老師是道地人文教育工作者。師承已故哲學大師陳怡安博士，致力於人文關懷的傳播與教育，浸淫讀書會帶領的傳道、授業、解惑超過三十年。

　　方老師不但博學多聞，而且是一位生命的修行者，有慈悲心腸，並將所學的善知識傳播海內外，今天這本書的出版必可嘉惠希望透過閱讀來找到自在的自己、翻轉自己和他人生命的人。

　　推薦本書給讀書會帶領者、想成為讀書會帶領者的人、想透過閱讀自我成長的人、以及助人工作者。讀者可以從這本書得到什麼呢？本書的標題和兩個部分：共讀翻轉學習、學習翻轉生命，說出了作者的用意，讀書會是實踐「翻轉學習」的最佳場域，而真正的「翻轉」，由「心」開始。

　　很福氣的任林教育基金會和方老師因為讀書會而認識，提升了任林讀書會的生命故事流的能量，帶給許多的個人和家庭成長。

我摘錄本書實際應用於任林教育基金會運作的幾段精華如下，希望你也有同樣的啟發與收穫。

＊讀書會運作中使用的討論方法是將陳怡安博士「意識會談法」轉化過來的「四層次討論法」，它是依據人類思考歷程的原理，包含：由具體到抽象、由熟悉到陌生、由淺顯到深奧、由簡單到複雜等，讓成員在循序漸進、按部就班的過程中，能夠順利的思考與表達。

＊「意識會談」顧名思義就是：意識的交流，經由會談將意識激發出來，並在交流中產生新的意識；而「四層次提問」只是意識激發和交流的媒介，關鍵在彼此互動中產生一種群體意識的「流」（flow），既然是「流」，就是一種連續的狀態，因此，帶領人除了要有效提問，還要能有耐心且接納傾聽成員和群體要表達的意識內涵，並進行適當回應與聯結等，具足這些「心法」，才能將具體的技法有效運用與發揮。

＊讀書會回歸單純的本質，帶領人其實不需要具有那麼多超人本事，也不必進行許多心理工作，扮演專業助人角色，也不用將教導者、解救者、探索者、心理分析者，甚至治療者扛在肩上，只要做個「好聽眾」，打開心耳，開放聆聽成員的表達，將所理解的內容重點與內隱的感受、情緒不加批判地適當回應。

＊讀書會的對話提供一個安全自在的交流機會，往往在彼此真誠分享中，因信任而敞開心門，聽到別人的經驗，自然會有所反思，引發自我對話，自我覺照油然而生，一旦有所自覺，成長就啟程了！

＊也許，你我若能經常回歸服務的核心價值，以利他為本，單純貢獻，問心無愧，就能在服務的過程，深刻覺知志願服務是在成就「以生命滋養生命，以生命影響生命」的教育大業。

＊「和有緣人分享我的所知和所能」。對，這就是我人生最後
　階段要做的要事！

人生，對話的盛宴

方隆彰

　　寫這篇自序前，重讀這些文章，如同檢視自己一路走來的學習軌跡，一方面由持續參與讀書會，而更深刻感受到其背後的價值，另一方面則更能體會「生活處處皆學問」的生命實相。

　　這樣的過程與學習，都是眾緣和合而有所成，也可以說是一場又一場的「對話」串接，諸如許多刊物提供發表的園地：任林教育基金會的會刊、泰山基金會的「真愛家庭」季刊、艋舺龍山寺季刊等；同時，在讀書會共讀群論與帶領人培訓過程，經由真誠對話，經常迸發出生命撞擊的火花；而在日常生活中，也發現大大小小的經歷，就是上天悲憫灑下的學習種子。

　　我何其幸運能受教於恩師陳怡安博士的對話精神與方法啟迪，提升對人事物的敏察，並於每日回應「今天生命教了我什麼？我又和自己學到了什麼？」中，持續將和自己的對話記錄下來。

　　回顧這些善美的機緣，心中自然湧現出「對話」、「自覺」與「覺他」，也許這就是自上一本《嚮往美感的讀書會》出版至今近十年的修心課題吧！

共讀的核心是「對話」，對話的價值在「更新」，而群體對話的過程，讓靜態閱讀有了飛翔的翅膀，也幫助閱讀由平面進化到立體層次，可見學習若能在靈活對話中進行，生命必能在持續更新中成長，因此，我將這些文章分為「共讀翻轉學習」與「學習翻轉生命」兩大篇；同時，這些年與各領域、各層級及不同年齡層的成員接觸，發現「閱讀素養」是現代人必備的涵養，其中的基本功則是「深度解讀材料」的能力，因此，特別將探討閱讀與解讀的文章，以及數篇讀書筆記放在附錄，供讀者們參考。

二十年來，能藉由讀書會善巧地將學習的能量推廣到世界各地，首推佛光山人間佛教讀書會，其中覺培法師是關鍵推手；而林美琴老師推動閱讀的熱力，多年來持續擴展增溫，還出版了多本相關好書；王進財董事長則本著「一人改變，全家改變」的理念，運用讀書會深入家庭教育耕耘二十年；他們在相關領域的貢獻，令人讚歎，同時又能在百忙中慨允賜序，銘感在心。

在新冠疫情起伏不定，打亂諸多工作節奏的情況中，此書仍能順利出版，要感謝香海文化的妙蘊法師及編輯團隊的投入，而有關英文書名的訂定，也要謝謝妙光法師及好友淑媛、淑娟的建議，這些過程都再次見證合作共成的美好。

願在共學的人生旅途，持續保有對話的動力！

目錄 Contents

PART 1 共讀翻轉學習

PART 2   學習翻轉生命

附錄

PART 1　共讀翻轉學習

讀書會和傳統學習最大的不同就是：
學習源自成員們彼此的貢獻，而非依賴
帶領人的權威給予，這其中包含知性的
理解和感性的受納，因此，成員才是學
習過程的主人，也是彼此的老師。

01 在知性與感性交流中成長

　　三十多年來，台灣「讀書會」的發展已由陌生、新鮮到熟悉，在此眾多的讀書會中，你參加的讀書會與我參加的一樣嗎？我參加的讀書會又與其他讀書會有何異同？

　　我們先由字面來看，「讀書會」是由三個部分組成：「**閱讀**」、「**書本**」與「**交會**」，其中「閱讀」與「交會」是動作，「書本」則是閱讀的對象，也是交會的根據，此意指：個人將閱讀產生的理解、感受、共鳴、聯想，甚至疑惑等，與其他人交流，可見「讀書會」是由靜態的個人閱讀延伸至動態的會流。

　　而在個人閱讀時，除了了解文本內容，往往也會與作者的價值觀、思維邏輯、文字風格等進行對話，於此同時，個人的認知、經驗、價值偏好、情感等也同步參與對話，可見一位事先有閱讀的成員是帶著非常豐富的內涵去參加交流的，而這些內涵又因人而異，有客觀的理解，也有主觀的見解，正是如此的「同中有異」與「異中有同」，使得討論與分享可以發生，也讓交流有了意義。

　　以上是由讀書會的本質看其意涵，而當我們回到讀書會的現場，看到的卻是多元的樣貌：有的將「書」置於核心位置，有的則放在邊緣，甚至只是裝飾用；也有讀書會只將成員「會

集」在一起，各自表達，或進行心得分享，而無實質交流；因此，就出現「文本取向」、「心理取向」與「成長取向」三種偏向的讀書會。

　　「**文本取向**」的讀書會就是以「書」為交流的重點，著重書本內容的理解與探討，它的過程是：先有自我閱讀，再到讀書會進行共同解讀與集體對話，以理解文本為基礎，進行理知與經驗的對話，而「以文為本」所進行的對話包含：（1）材料在說什麼；（2）作者想說什麼；（3）我自己怎麼說，他人又怎麼說；（4）我對材料有何不同理解或體會。若以一般讀書會常用的四層次討論法來看，此種取向的討論過程集中於第一層次「熟悉與複習材料」及第二層次「回應與消化材料」。

　　「**心理取向**」的讀書會以「成員」為主，文本只是個媒介，做為聯結到成員內在的「引子」，及藉由材料的客觀性映照出成員主觀狀態的一面「鏡子」。它是經由會前的「自我閱讀與映照」，再到讀書會中的「相互映照與覺知」，此種「心理取向」讀書會的討論內涵，由「我看到什麼」，到「什麼觸動了我」，再到「引發我有什麼覺察（awareness）與洞察（insight）」；在讀書會的互動過程，成員如借鏡，強調相互回饋與支持，並

期待能由文本中看見自己與反思自己，進而有所覺察，允許自我改變；可見心理取向讀書會的討論過程在「熟悉與複習材料」層次會稍做接觸即進入第二層次「回應材料」中的「感受或印象」，並直接延伸到第三層次的「詮釋與驗證材料」，也就是說「心理取向」的讀書會較不著重對材料的理解，而關注於由材料某部分所引發的自我心理探索與內在對話。

　　至於「**成長取向**」的讀書會則兼顧「文本」與「成員」，是以成員在會前閱讀時，對材料解讀的了解，以及與自己的感受、經驗和認知進行初步對話為基礎，進行循序漸進的探討與探索。在討論過程以「文本」為本，先進行材料消化，再根據材料的主題或重點，進入個人感受的回應，並開展相關經驗的印證與深度對話，最終因有所發現或領悟，進而可以將所得運用於生活或提升生命的層次，亦即它是依循第一層次「熟悉與複習材料」，第二層次「回應與消化材料」，第三層次「詮釋與驗證材料」到第四層次「活化與深化材料」，也是「外在客觀」與「內在主觀」交錯運作，並朝向探尋永恆真理邁進；此種取向的讀書會可以說是藉由知性的理解引發內在的覺知，再進一步產生反思的沉澱與啟悟。

一般讀書會若是採「成長取向」，帶領人並不需做心理輔導或諮商，不去深探成員的心理創傷，也不擔任心理問題的解決者，頂多只是「催化者」與「陪伴者」的角色，前者是帶動成員理解與掌握書本重點，引發大家順利將所知、所感順利表達，後者則經由真誠聆聽、全然接納與適當回應，提供溫暖、安心的支持網絡，讓成員在知性與感性的交流中，開啟自我生命的亮光！

02 讀書會是一種「心」的翻轉

　　目前台灣的教育很流行「翻轉」，最常見的方式，就是老師事前將每次上課內容錄製完成，放在網站供學生於課前預習，上課時，進行解惑、討論與練習，也就是學生要有備而來，實體課堂則著重互動、交流與實作。

　　「翻轉教育」的精神是「自主學習」，就是學生是學習的主人，要為自己的學習負責，因此，要有主動學習的態度和習慣，不只課前先了解學習內容，更要自己思考、消化、整理，甚至搜尋相關資料，再將所備帶到課堂，與老師、同學相互激盪，共同學習，深化每一次的學習內容。

　　回到讀書會的實務場域，每位成員於會前先將進度閱讀、思索，抓出重點與疑點，再帶著所知、所感與疑惑到讀書會裡，經由帶領人穿針引線式的催化，彼此討論觀點，分享經驗，互解疑惑，進而建構出更豐富的學習內涵，充實而滿足地離開讀書會，為下一次持續參與而準備。

　　可見「翻轉」的概念是要改變某些現況，讓教育現場由傳統的「知識灌輸」轉為「交流學習」，老師和學生的角色、功能也同時轉換，老師不再只重直接傳輸，學生也不是單純接收，老師更重要的任務是引導、催化，以及必要的解惑和點化，過

程中告知、教導的功能少了，耐心陪伴、用心啟發和支持、鼓勵的分量增多了，而學生需要主動的參與、探詢、思辨，更勇敢地表達和提問。

同樣地，讀書會也是讓成員由傳統被動等待權威者告知式的「餵食」學習，轉變為主動「覓食」，讓自己在學習過程中，除了接收者，也是重要的貢獻者，不只傾聽他人所感、所說、所悟，也積極分享和表達，而帶領人更非擔任「說書人」，只重表達自己的看法和體會，而是更重視引發成員的見解和體悟，並做必要的聯結和重點整理，因此，如果你參加的讀書會是帶領人說的比成員多，恐怕那只是「聽書會」，離真正的「讀書會」已經有了距離；如果你是帶領人，更要高度覺知自己是在「餵食」，在「教導」，還是將學習權還給成員，相信成員不會比自己無知，相信成員內在也和自己一樣具有豐富的潛藏？

可見「翻轉」的不只是外在形式，更是挑戰到內在的「信念」。

「信念」比「價值」更有力量，「價值」是我知道某個觀念或事情、行為是重要的，「信念」則是進一步將我知道的實際用在自己身上，真正將所知行出來。可見一位讀書會帶領人

的實際帶領風格，就是直接反映出他內在真正的「信念」，因此，如果我們認定讀書會是一種經由成員彼此合作而有所學習的團體，相信讀書會的學習內涵是經由共同建構的過程而產生的，那麼成員與帶領人都有自己的責任與功能。

　　一位有效的成員是要為自己的學習負責，除了會前做好閱讀、思考外，進行中要能傾聽他人，並願意主動表達與分享，邊聽、邊說、邊想，甚至協助提問，而對於過程中的狀況也能積極介入，例如：有人離題、冗長表達，甚至是帶領人發表過多等，都能夠適當反映，讓讀書會的過程更加順暢、豐富、有效。

　　至於帶領人更要清楚自己的主要職責不是給予，而是讓每位成員可以將自己和材料的聯結能順利地產出，包含對材料的理解、感受、經驗的驗證，以及延伸的想法和疑惑等，同時，創造一個網狀互動的動態平台，讓成員彼此自在的交流，並在其中產生熱絡的激盪，因此，帶領人最重要的能力不是「表達」，不是「教導」，不是「說服」，而是時時保持一顆謙虛、充滿好奇的「學習心靈」，願意「開放傾聽」，能夠「同理回應」，廣納各種聲音，頂多再做一些提問、串聯、整理，以及

必要的補充，也就功德圓滿了。

　　讀書會是實踐「翻轉學習」的最佳場域，而真正的「翻轉」，請由「心」開始！

03 有智慧的慈悲

　　讀書會帶領人的角色定位是指導者？是讀書會團體的明星？或者只是一位必要時才須出現的催化者、引導者？

　　這是最近和幾位讀書會帶領人交流時引發的議題。

　　其中有帶領人發現成員似乎愈來愈依賴自己的帶動、給予，有什麼疑難雜症都期待帶領人可以有效解惑，若再加上帶領人溫暖、善解的特質，無形中彼此的關係更加緊密，一旦帶領人發現每次都要設計一些活動或新點子來帶動，似乎有些枯竭，而被依賴的感覺也愈來愈沉重，甚至經常在讀書會結束後，還要陪某些成員聊聊，給予支持、建議，長期下來身心都有些疲累，想要休息喘口氣，希望可以由他人來帶領，或由成員們自行運作，可是成員們還是希望維持原樣持續下去，所以，帶領人只好再找一些新題材，多學一些新招式，付出更多的時間、心力……。

　　面對這樣的景況，有自覺的帶領人開始察覺這樣下去是有問題的，只是不知如何化解？

　　狀況的發生其實是好消息，它一定具有要提醒我們的蘊含，只是我們往往陷在表象的情緒中，而缺乏回到原點的智慧。

　　以前述的例子來看，身為帶領人在帶領之前多做一些準備，

以便能讓成員更有收穫，在過程中，對成員的情緒、困頓予以溫暖關懷、同理回應，這些都是非常慈悲的表現，只是真正的慈悲並非沒有原則，它必須用智慧來思考、了解和判斷。

如果讀書會的運作不是要養成被動參與，並非要形成對帶領人的依賴，那麼讀書會的本意是什麼？讀書會的學習原貌又該長成什麼模樣？

簡單地說，讀書會和傳統學習最大的不同就是：「學習源自成員們彼此的貢獻」，而非依賴帶領人的權威給予，這其中包含知性的理解和感性的受納，因此，成員才是學習過程的主人，也是彼此的老師，若能掌握這樣的核心精神，身為帶領人就要清楚自己的終極目標是要讓成員彼此互助和自助，自然在過程中就會依成員的現況催化其具有的貢獻潛質，提供更多適當的參與機會和空間，以落實「讀書會的學習，人人有責」的信念。

《與成功有約》一書的作者柯維（Stephen R. Covey）認為個人成長有三個階段：由「依賴」到「獨立」，最終達到「互賴」，據此來看讀書會的團體發展，也有類似的歷程：一開始成員彼此不熟悉，也不了解讀書會的運作形式，自然會以帶領

人為中心，由帶領人主導進行的程序和內容，漸漸地，團體的安全感讓成員願意開放自己，會為自己發聲，開始展現個人的個性、特質，有的會挑戰成員，甚至挑戰帶領人，此時帶領人即要善用成員豐富的潛藏資源，引導成員除了分享自己的觀點、感受和經驗，也學習願意聆聽，彼此回饋，相互理解和真誠支持，於是，帶領人的位子就漸漸地退居團體邊緣，自然成為團體的一員。

能如此「有所為，有所不為」的帶領人，也許就是一種有智慧的慈悲了。

04 相互映照,滋養覺性

　　參與讀書會將近三十年以來,深深察覺每一次讀書會的進行,就是經由表達、聆聽、思考與回應的持續學習。

　　每個人都有「求知」和「被知」的需求,在讀書會的互動過程中,成員將其對材料的理解、感受、想法與相關經驗說出來,如果有人聽到了,也聽懂了,就同時滿足了自己的「被知」和他人「求知」的需求,這可以說是最具經濟效益的一種學習型式。

　　一般在閱讀時,我們經由瀏覽、思考,知道內容在表達什麼,就以為「懂了」,很少有機會將所讀到的東西「說」出來,其實這是屬於不完整的學習。

　　一個完整的「閱讀學習」至少包含:看、想、說、寫四個部分,也許你我曾經在將所讀過的內容和大家分享時,發現突然口拙,說得很不順暢,不只前後不連貫,甚至自己都覺得不知所云,這代表自己對所讀的內容可能只是一知半解,或者只有表層的理解,因此,讀書會提供「口語表達」的機會,正好可以直接驗證我們是不是真的讀懂,或者讀懂了多少,同時,能將所知說出來,也有強化的作用,會加深原先的「知」;而更神奇的是:人在說的時候,除了「已知」的部分,還會出現

原先沒有想到的內容，亦即「口說」有時像一把具有魔力的鑰匙，會打開內在未知的寶藏，讓靈感湧現，當發現自己其實也滿有「內涵」可以說時，「自信」會在其中點滴建構起來，就像我曾邀約讀書會成員分享某些經驗或對某個主題表達看法時，一開始都會得到「我不會」、「我不敢啦」等回應，我經常開玩笑地回說：「我倒是比較擔心，等大家說了幾次後，可能會出現『上台容易，下台難』的狀況，獨佔發言時間啊」，果然在參加一陣子之後，有些原先不敢開口的成員，已能侃侃而談，有時還要提醒發言時間，甚至需要積極制止，以免影響他人發言機會。

可見在讀書會中的「說」，具有非常多元的功能，而要如何言之有物，又能適當地說，則是讀書會恆常的修練課題。

讀書會的學習來源之一是「書或材料」，最直接的表達內容就是說出自己讀到的重點，而如何能「掌握到重點」的說呢？不妨在解讀過程時，問自己幾個問題：首先是「文章在說什麼？」，這是指要先了解內容客觀的重點，接著問：「我依據內容那些部分判斷重點是這些？」，如此再次確認已經抓到重點之後，接著再問：「文章要說什麼？」，此即用自己的話說出所了解的重點，這樣就能「言之有物」；同時，讀書會的可

貴在於它是一種「共學」團體，在其中彼此都是學習者，也互為老師，因此，當我們有機會聽聽他人說他讀到的重點時，除了可以核對和自己掌握到的重點有什麼異同外，更可以請教對方是如何理解哪個重點，以及分辨他是如何表達的，包含他先說什麼，接著說什麼，最後如何結束，他這樣的表達我聽起來順耳嗎？容易懂嗎？如果是，他的表達脈絡與結構，也許正好是我可以學習的借鏡。

另一方面，當我在表達時，也要留意成員的反應，如果有人面露疑惑，要能當下覺知：是我說的不清楚嗎？過於抽象嗎？畢竟人往往習慣地以為「對方應該知道我在說什麼」，這種主觀地認定也常是誤解的來源，因為，我們在表達過程，經常會不自覺地省略許多我們認為不重要或以為對方應該了解的訊息。譬如，告訴對方：「將這個東西放到中間櫃子裡」，而牆邊可能有好多個櫃子，我們並沒有說明「中間」是指「正中間」，還是「第三層的最中間」？事實上，我們對自己理解的內容會在腦海裡產生一個圖像或一套概念，而對方接收到的訊息所形成的印象與理解，又會有自己主觀的過濾和解讀，因此，發現有狀況出現時，適當的澄清是必要的；而在對他人做回應時，也要先了解對方的意思及現況，尤其是要對「人」做回饋時，

更要心懷慈悲地衡量對方此刻可以承受的分量；可見在讀書會互動過程中，藉由他人的反應，適時邀約對方回饋，以及有意識地覺知和自我提醒，是修正與提升自己表達品質最直接的做法。

如果你擔任讀書會的討論帶領人，你的主要功能是協助成員能將所知、所感、所想順利表達，因此，一位討論帶領人的表達不在展現自己學多識廣，或對當天討論的內容多麼有研究，而是經由耐心聆聽，進行具有了解基礎的回應，以及拋出線索，適當引發成員表達與交流，若能如此，你展現的表達風格必然是親切、善解的，也能塑造一個安全、接納的團體氣氛，讓成員自在地在其中說說、聽聽、想想。

讀書會就像一個小型社會，聚集了各種不同特質、背景、經驗、價值觀的獨特個體，每個人的表達習慣、方式都有所不同，如果願意用開放的心胸面對互動過程中展露的各種樣貌，同時，也能在他人的反應中如實地看見自己的狀態，並做及時的調整，那麼每一次讀書會都會是一場豐盛的生命饗宴，你我都可以經由共學，相互映照，在滋養本俱的覺性中持續成長。

05 自覺創造新意象

　　此刻我坐在圖書館三樓的閱覽室，想著晚上要和一群朋友聚會，我知道兩小時後就要離開，前往捷運站搭車，有三條路可以走到捷運站，如果想到即將碰面的那些熟悉的臉孔，我知道會是一個充滿歡笑的夜晚，我的心情頓時雀躍起來……。

　　我的這些內在反應和將採取的行動，都是受到過往認知、體驗等逐漸形塑的內在圖像影響；這些圖像就稱為「意象」（image），是我相信為真，也直接決定我的行為，而意象也會受到外在刺激而改變，假設我原本要走 A 路線到捷運站，但因晚十五分鐘離開，我就會選擇 B 路線，以便最快到達。

　　這些受內在意象影響的現象，我們很少有意識地自覺。

　　經濟學家和教育家肯尼斯・包爾丁（Kenneth E. Boulding）在其著作「The Image：Knowledge in Life and Society」中曾提到：每個人都是根據意象而運作，因此，意象會決定人的行為；而意象又會受到訊息影響，一旦被訊息衝擊後，意象會改變，而改變意象就有可能改變人的行為。

　　這樣的原理提供了教育工作者，可以經由轉換受教者的意象而改變其行為。

　　記得一九六〇年代曾經有一個意象教育的實驗，在某個黑

人貧民區，研究者發現居民常是低頭喪氣的模樣，社區也都呈現灰黑的色調，居民內在的自我概念許多都是失敗者、沒有希望的，甚至是受害者的意象，於是，實驗者就在社區最多人往來的路口，塑立了一座抬頭挺胸、昂然不屈的黑人銅像，這個和他們熟悉的形象絕然不同的意象，在無形中傳達給居民一種新的訊息，讓路過者都看到新的可能，接著經過一連串的意象教育的方法，和居民之間大量對話，共同反思，在持續受到新的訊息衝擊後，居民開始重塑內在的自我形象，最後改變了許多居民的命運。

這個例子提醒我們，只要開始自覺此刻自己的狀態與自己當下的內在意象有什麼關係，就可以經由改換訊息或注入新訊息，而創造新意象，產生不同的行為與反應。

這些年來，我在國內外讀書會的討論帶領中推廣四層次對話方法，運用的就是意象教育的核心方法：「意識會談法」，其目的就是經由有序的群體對話，在輕鬆又豐富的交流中，彼此觀念碰撞，經驗借鏡，並於由淺入深，由外而內的過程中，產生衝擊，引發內在自覺，鬆動僵化的感知，進而對己、對人、對事有了新知見的可能；由於讀書會是「慢工出細活」的學習，每次一點一滴地滋養、滲入和覺照，終能在行為改變後，活出更滿意的自己，更自在的人我關係。

06 讓讀書會的討論充滿生命力

　　「讀書會」是一種針對客觀材料進行對話的學習團體，參與讀書會的基本對話內涵包括：與材料對話的「解讀」，與自己對話的「獨白」，以及與成員們集體對話的「討論」。其中「討論」是讀書會進行中的主菜，如果討論很熱絡，又能根據材料的主題做深入探討與反思，大家都會覺得很過癮，很有收穫，好像經歷一場心靈沐浴，帶著更新過的生命，喜樂地踏上人生之途。

　　讀書會好玩之處就在於面對共同材料卻能產生不同的感覺，聯結獨特的經驗，激發出同中有異、異中有同的多元見解，提供成員進一步覺察與映照自我的機會。而能如此，正是源自每位成員都是獨特思維、感覺與經驗的個體，因此，如何將一群如此不同的人可以產生真正有焦點的對話，而不會流於各說各話或少數人獨占發言的狀況，是需要有一套方法，幫助不同的人們於相互調整中，找到彼此可以一起前進的路徑。

　　目前在讀書會的運作中最常使用的討論方法就是將陳怡安博士「意識會談法」轉化過來的「四層次討論法」，它是依據人類思考歷程的原理，包含：由具體到抽象、由熟悉到陌生、由淺顯到深奧、由簡單到複雜等，讓成員在循序漸進、按部就

班的過程中，能夠順利的思考與表達。

如果一開始即由抽象、複雜、深奧與陌生的層次進行討論，往往會出現一片沉默、低頭苦思的場景，意即討論是個過程，心理與腦袋都需要「暖身」，因此，「四層次討論法」就是一種有效交流的步序，讓大家可以漸入佳境，產生活絡的討論。

它由對材料原意了解開始，引發表達對材料的反應，接著進行個人經驗分享與觀點交流，最後再經由與材料和成員的多元對話中，整理與沉澱具有啟發、反思與應用的精華。

換句話說，第一層次由有助成員「熟悉與複習材料」的提問開始，讓成員很容易、很快速地說出自己對材料的所知，其提問的線索如：說出已知的、記得的、可以立即聯想的等不需思考的問題。

第二層次則是提出讓成員可以「回應與消化材料」的問題，協助成員將閱讀材料時產生的感受、印象與對材料的理解表達出來，相關的提問線索如：說出閱讀時的感覺、特別的印象、相關的聯想與對內容重點的了解等需要稍加思考和整理的問題。

第三層次是提問「詮釋與驗證材料」的問題，引發成員提出自己的看法或相關經驗，亦即將第二層次的內容做進一步的延伸探討，激發彼此更多元、深入地交流與激盪，可以提問的

線索如：闡述觀點、推理探討、質疑挑戰、分享經驗等較多主觀見解與體驗等問題。

第四層次則提問有助成員「深化與活化材料」的問題，將前面討論的內涵加以深探其內蘊的真理，映照自己內在的狀態，或者可以進一步加以實踐與應用等具深度的對話，相關討論線索包含：有何發現、體悟、洞察、學習、運用等有助省思深義、價值或對生活、生命有實用性的問題。

此具層次性的討論是由「客觀性層次」進到「映照性層次」，再進入「詮釋性層次」，最後到達「深探性層次」，協助成員由與熟悉的材料客觀接觸，再漸層進展到與自己深層的對話，讓成員彼此與材料內蘊的智慧可以直接對話，不只吸收材料的精華，更可以轉化成滋養生命的活水。

讀書會若能善用此種層次討論方法，將能在有效了解材料的基礎上，經由靈活、豐富又深入的交流，強化自我覺知的深度，厚植生命豐富的內涵。

以上介紹的四層次討論法是一種基本的思考方法，因此，除了適用於讀書會的討論外，也可應用於助人會談、考績會談、會議討論、共識建立、上課教學、日記書寫、寫作思考等各種工作、學習、生活層面，因此，若有機會不妨多加學習並實際運用，讓你我的生命經由有效對話而更靈活發展！

07 妙法要能正知善用

　　「不可無知誤用」是早期陳怡安老師在講授各種方法時，常在白板右側特別註明的一句話。

　　記得當時對這句話還頗不以為然，曾在心裡嘀咕：怎麼可能會誤用？學了不就是要去運用，幹嘛還這樣提醒，是不想要學生去用嗎？

　　多年來，經歷了許多狀況，漸漸明白他的先見之明，以及提醒背後的苦心。

　　在一個「意象教育」共修的場合，探討「意識會談法」的相關運用，有成員問道：「若誤用會如何」？

　　這一提問，讓我想起兩個實例：

　　我曾去參加某個讀書會團體，該次帶領人於會前和我分享他設計好的四層次提問內容，我發現問題層次分明，提問內容豐富、多元，也能緊扣材料主題，而且問題本身也夠具體、清楚，可以想見他於會前花了相當多時間與心血準備，接著開始帶領，他將成員分成四組，每組討論他設計的一個層次的問題，亦即第一組討論第一層次問題，第二、三、四組分別討論第二、三、四層次問題，各組討論完後，再進行分組報告。

　　面對如此情境，我當場十分錯愕，不知是該欣賞他的創意，

還是要好好檢討自己的教學哪裡出了問題？如果他是在我的課堂裡學習的，怎麼會將意識會談的層次提問，拆解成獨立層次的問題，分開討論？

這次經驗讓我聯結到多年前參與過的一個名為「意識會談」的課程，帶領的老師除了採用類似上述分組方式進行外，還示範帶領全體會談，他每一層次分別提出一至兩個問題，只要有人回答他要的答案，就跳到下一層次的問題，就在一問一答間，很快進行完畢。記得當時我利用休息時間和成員聊到剛剛的過程，大家都覺得很新鮮，表示老師有讓成員參與，不會像一般上課那麼填鴨、單調。

天啊！這是我曾經受學陳怡安老師多年的意識會談法嗎？是我在讀書會帶領人培訓課程中教導的意識會談四層次討論法嗎？

當成員以為：用四層次問題進行 Q and A，就是「意識會談」；將四層次問題拆開分別討論，就是採用四層次提問法進行討論等等，我想這就是陳老師的擔心吧！

的確，方法是個工具，只要對使用者有用，就有功能；而工具如水流，可以載舟，亦可覆舟，若不當使用，不只無法發

揮方法本俱的功能，甚至會誤導，產生負向的作用。

　　學習方法的初期，難免著重於方法的技巧面，就如同學習四層次提問，會很想弄清楚每個層次的問題應該長成什麼樣，一直琢磨可以這樣問，還是那樣問，認真有耐心的人甚至會字句斟酌，幾乎到了類似完美主義的境地，有的則認為自己已經了解：四層次提問就是「提問四種不同類型的問題」；至於「會談」或「討論」則簡化為「提問與回答」，所以，採用一問一答或分組討論都是在用這個方法。

　　「方法」之所以能夠學習，因為它有一個「具體形式」，讓人可以有跡可循，因此，「依樣畫葫蘆」式的模仿是入門階段常見的學習方式，只是如果僅著墨於此，而忽略甚至忘了「形式」背後的「精神」，則易踏入走火入魔的狀態而不自覺，有的則成為在玩弄技法的「工匠」；更甚者，也曾遇到只摸到形式的皮毛，或讀過些許資料，不曾真正運用、體驗與反思，卻也敢侃侃而談，授課介紹。

　　「意識會談」顧名思義就是：意識的交流，經由會談將意識激發出來，並在交流中產生新的意識；而「四層次提問」只是意識激發和交流的媒介，關鍵在彼此互動中產生一種群體意

識的「流」（flow），既然是「流」，就是一種連續的狀態，因此，帶領人除了要有效提問，還要能有耐心且接納傾聽成員和群體要表達的意識內涵，並進行適當回應與聯結等，具足這些「心法」，才能將具體的技法有效運用與發揮。

　　若能真正知解此方法的功能、意義或內蘊的精神，以及帶領人需修練的功法，相信就不會出現如前述類似「無知」的樣貌，如此一來，不只自己能有更完整的學習，也可以在掌握方法本意的基礎上，將其功能妥善展現，讓參與者真正蒙受其益，相信這才是學習方法者的核心使命吧！

08 真假學習一念之別

　　近日參與幾個讀書會，發現帶領人有幾種傾向：第一種是帶領人會說很多話，只留一點時間讓成員說；第二種則在每位成員表達後，一定會做回饋，而回饋時間往往長過該成員表達的時間；另外一種則是和成員有互動，但比較像回答問題。

　　我於會後分別和帶領人聊聊，想了解他們當下的內在狀態或背後有什麼假設，促使他們會出現這樣的作為或反應？

　　第一位認為：身為盡責的帶領人，要有充分的準備，且要將自己所知儘可能告知，讓成員學到更多，才能不虛此行。

　　如此作為的背後似乎有一種假設是：成員沒有我懂得多，他們學習的來源主要靠我提供；更深一層會不會是：他們不須為自己的學習負責，而是我的責任？

　　第二位則表示：一位有效帶領人是要對成員進行積極回應的，所以，針對每位成員做回應，一方面代表帶領人有在傾聽，同時也想要豐富對方表達的內容，讓他對自己更有覺知或發現自己的價值。

　　會有如此作為會不會自己內在有一個聲音：如果我不做點什麼，多說些什麼，似乎代表我是無能的，我就不是一位適任的帶領人？

第三位則說：為了讓過程順利進行，完成每次的進度，就要讓團體的互動是有規律、有秩序的，否則，大家想說什麼就說什麼，很容易會變得很鬆散，甚至離題而回不來。

這樣的認知好像將讀書會視同傳統學校上課般，課堂秩序與進度是教師最在意的任務，因此，讀書會的進行自然就變成以帶領人為中心的學習過程。

面對讀書會呈現如此樣貌，帶領人對自己角色和功能定位又是這樣的認知，我很好奇他們曾有的學習經驗，更好奇他們曾受過什麼樣的讀書會帶領培訓？

當然，也可能是他們自己習性的力量遠大於後來的學習，若再加上缺乏真正的自我反思，自然會持續重複自己熟悉的模式，畢竟人有一種自我防衛的本能，就是不斷強化自以為是的東西，並透過自我催眠，避免踏上帶有風險的未知之路。

有些人可能發現自己有些不足之後，會想要調整，甚至努力想要改變，於是，會積極參加一些課程，大量閱讀相關書籍，這都是正向的起步。

問題是如果內在心智學習模式未做調整，上再多的課，讀再多的書，可能仍然在原地踏步而已！

記得多年前曾和一位老師討論他發表的一篇文章，他有些不好意思地說，那是一篇標準吊書袋式的文章，是他讀了許多文章、書本後，整理出來的文章，因此，在文章最後附註部分就列出一大串引用的資料來源，他表示：由於尚未真正消化、吸收為自己的東西，頂多只是重點摘述而已，缺乏屬於自己的

一套論述，離有學問、懂很多還很遠、很遠！

　　我很佩服這位老師的誠實，知道自己尚處在學習的第一步，並不會以為自己讀過就懂了，讀完就會了，甚至將他人見解據為己有。

　　學習就是要有如此真實的勇氣：知之為知之，不知為不知，一知半解就是一知半解！

　　如同上課學習也是如此，因為，有時我們是處在一種「盲從的學習」，學到一些不合身的東西，卻硬要將自己塞進去，只因為那是某個被稱為權威的人的東西，學習和運用過程常讓自己渾身不自在，自然學到的也是支離破碎；雖然，在學習新東西時是要將自己先倒空，才能裝進新東西，但若勉強硬吞，而未加思索、分辨所學的核心成分和形式，是否適合自己的特質、所處文化環境和價值觀，最後不只弄壞身子，還可能變得不成人形，這可能也是一種「無知的學習」。

　　因此，真正的學習是要由真實看見自己學習的狀態開始，持續啟動忠實面對自己學習全貌的具體行動！

09 學習把「人」當「人」看

　　回首我的人文教育之路，當初是以分享自己所知、所會為主，再加上一些現場提問的解惑，有時會穿插一些活動，活絡現場氣氛，如今反思，發現那是一個以「講者」為中心的階段，如同早期在學校社團、兒童夏令營或救國團營隊帶領團康活動，不論現場成員多麼熱烈參與，其實都是在賣弄自己的「帶活動」技巧而已；後來有機會接觸到「社會團體工作」這一門學問，才知道「帶團體」和「帶活動」是不同的，前者是以成員為主，活動只是個媒介，是為了有助成員或團體達成目標的一種催化劑，後者則以活動帶領為主，成員往往只是配合活動演出的工具而已。因此，常見活動進行中，成員如果發生會影響活動進行的狀況，帶領人會用各種方式將之排除，以求活動可以依照原定程序順利進行；因為這樣的分辨認知，讓我之後在帶領社區兒童、婦女等各種團體時，會因成員在團體中的反應，而及時調整原訂的內容與程序；幾年後加入陳怡安博士的團隊，在帶領小團體時，曾被要求將我熟悉的「活動」拿掉，採用以一個主題或話題與成員直接互動，記得當時真是不知所措，團體進行起來非常生硬，好似突然被廢了武功，一舉手一投足都不對勁，每次帶領過程就是很「卡」，帶完都覺得很累，很挫敗。

也許上天知道這是我的功課，因此，特別安排我到學校授課。

　　記得有一學期在「團體動力學」課程中，帶領學生進行一些活動，學生都非常積極參與，活動結束後，我開始要探討、講解剛才的過程脈絡與出現的動力現象，卻看到學生當下的反應是眼光呆滯，腦袋放空，呈現出和剛才絕然相反的狀態，當下我才發現：當我以「老師」為中心進行教學時，就是和學生隔離的開始！於是，我提供幾個線索，邀約學生以分組方式討論並發表，瞬間他們又活了起來，熱烈表達，甚至即興演出他們所見、所感、所知。

　　這些經驗都讓我真實體驗到：身為老師或講者，都只是學生或聽眾學習的「工具」，學生或聽眾才是學習的「主人」，雖然，學生或聽眾不一定有開口說話，但是，他們的肢體和表情，卻一直在和我們對話，也持續傳達他們的狀態和需求，亦即在教學或講述過程中要眼中有「人」，要能適時回應，而非只在乎「自己」或「教材」。

　　當我開始接觸讀書會後，之前一路走來的歷練都有助於我更清楚「帶領人」的角色定位和讀書會團體的功能，也更深刻體認到身為讀書會帶領人需要具有「人文精神」，而其核心是：

「把人當人看」。

　　簡單地說，成員在讀書會進行中，不論是熱烈參與、積極表達，或者靜默不語，不管是認真準備而來，或是「沒看書也敢來」，都有同等的價值；同時，讀書會的學習主體是「成員（們）」，帶領人頂多是催化成員與材料有效對話，以及協助成員間順利互動的媒介，因此，帶領人不必強勢主導討論過程，也不用花費許多心力、時間設計活動（以至於會不自覺地要求成員配合活動進行），只是在必要時協助成員將所知、所感自在表達的「催生婆」，可見帶領人不必是主角，若能如此，才能讓成員有機會看見自己的存在，活出自己的價值。

　　德國哲學家康德主張：人即是目的而非工具，他認為，如果因為外在目的，而將人當作工具使用，不只不道德，也違犯了天賦的人權。因此，當成員不再是帶領人展現威權的服從者（有時還可能是「犧牲者」），不再是帶領人表現自己的工具，而能回歸到：自身的存在即是「目的」，能得到該有的尊重和接納，如此一來，在進行過程帶領人自然是協助成員發展，而非利用成員滿足自己的目的，這樣的讀書會帶領人即是具有「人文精神」的實踐者。

共讀翻轉學習

10 讓讀書會就是單純的讀書會

　　某機構將要辦理讀書會帶領人培訓，承辦人員表示不希望招生簡章上出現「帶領人」三個字，以免許多人被嚇到而不敢報名參加，我問道：「聽起來擔任帶領人好像很可怕！」他說：「是啊，一般人想到要當帶領人，就覺得責任重大，要很有本事、很夠專業才能勝任。」

　　這讓我想起在某個讀書會帶領人培訓的第一堂課，我請教成員：「當你想到未來要擔任帶領人，此刻出現什麼心情？」「緊張」、「擔心」、「害怕」、「焦慮」、「沒信心」，「會有這麼多負面的感受出現，請說說你們認為帶領人的圖像可能像什麼或需要具備哪些條件？」

　　經過稍加思索，成員們出現的內容是：要懂很多東西，尤其是心理學的知識；要很會帶活動，能帶著大家深入內心探索、反思；他有很豐富的生活經驗，可以回應成員各種疑難雜症；能聽懂學員說的話，最好還能讀懂學員的心；有能力聆聽和陪伴成員所處的不同生命階段；要分辨人我界限，能傾聽、接納，又能適當抽離，不受其影響；理性感性兼具，能同理又會統整；有能力控制時間，面對積極分享的成員能及時剎車……。

　　聽完他們分享，我比較了解那些心情的緣由，只是我很好

奇這樣的認知是怎麼來的？似乎和我自己的理解和實務經驗很不一樣，莫非他們參加的是由專業人員帶領的諮商團體？或者他們參加的讀書會就是長這樣？多位成員表示，有些帶領人就是如此，雖然他們不是專業人員，但是，每次都會帶體驗性活動，引導成員往內探索，回顧過往的成長經驗或背景，幫助自己看到小我，或者發現內在受傷的小孩，只是有時情緒被引出，卻無法收拾，需要被陪伴，卻時間不足，甚至在會後留下來又談了許久；有的很熱心，懂很多，好像各種難題他都有答案，也會用各種心理學技巧幫助大家，像角色扮演、空椅法、家族排列、心理劇、花精治療、冥想、正念；當然，有些成員也提到某些內容是自己的推論或想像，認為根據經驗，讀書會帶領人應該要長成那樣。

天啊！台灣的讀書會什麼時候變成如此專業、如此心理諮商取向，甚至走上「讀書治療」（Bibliotherapy）的道路而不自知？

讀書會不是應該只是一種以材料為核心，將自己對材料的了解，經由討論、分享，與經驗產生交互作用，促進反思與洞察的共同學習團體嗎？不是頂多會有些許心理教育的成分，透過彼此映照，激發自覺，自然湧生成長動力的學習過程嗎？

如果要讓讀書會回歸單純的本質，帶領人其實不需要具有那麼多超人本事，也不必進行許多心理工作，扮演專業助人角色，也不用將教導者、解救者、探索者、心理分析者，甚至治療者扛在肩上，只要做個「好聽眾」，打開心耳，開放聆聽成

員的表達，將所理解的內容重點與內隱的感受、情緒不加批判地適當回應；以及扮演「催化者」，經由善問與聯結，在穿針引線中，促進成員間更熱絡、靈活的互動，協助彼此掌握材料重點，釐清對材料的疑惑，以增進對材料本意的了解；必要時擔任「陪伴者」，傳達對成員相關經驗或困境的了解，並耐心地給予同感的支持，尤其對於負面經驗、情緒或掙扎、瓶頸，不需要提供建議或解藥；如果可能，再做個「身教者」，譬如期望成員能於會前先閱讀，或會後能將討論的收穫用在生活中，自己都能如實說如實做，而在互動中，也提醒自己時時活在有意識地覺知中，如此的自律自覺，就能產生最直接的影響力。

相信只要做好上述三到四個角色，帶領人就可以輕鬆地參與其中，享受心智激盪過程的精彩與豐美，而必要時再維持一下秩序，讓過程更順暢，就又圓滿了一次讀書會。

如果大家都能讓讀書會回歸本有的單純樣貌，讀書會就是最安全的學習團體，帶領人也和成員一樣，是個學習者，而參加培訓課程，也只是充實一些相關知能，增進覺己知人的敏感，以利更多人可以在讀書會中受益的裝備過程！

11 讀書會活動知多少

　　有些讀書會喜歡玩些活動，想讓成員經由活動的參與自然進入書內情境，也期望因實際參與而有真實的感受可以分享，不會硬梆梆的好像在考前複習般的直接啃書；只是有時可能是活動進行得太順，引發好多分享，一段接一段，甚至欲罷不能，團體氣氛可能滿溫暖、熱絡、但似乎離書的內容、主題愈來愈遠，加上帶領人有時如助人者上身，不自覺用回應與提問深探成員過往經驗或內在世界，讓旁人以為是在藉由活動進行輔導性團體，以致模糊了讀書會的形象，變成一場走味的讀書會。

　　活動原本無所謂好壞，它本來就有暖身、催化的功能，是團體進行中的潤滑劑，讓不習慣閱讀、思辨、自我覺知的成員可以較不費力的進入對話的情境，因此，活動不必也不應該成為讀書會的主體。

　　每一次讀書會都有其要閱讀和討論的材料進度，也必然有由材料內容產生的討論主題，成員參加讀書會不就是要經由討論、分享弄懂重點，解除疑惑，增加對材料理解的深度，進而能經由彼此映照，產生反思與覺知？也就是說藉由聆聽他人及自我表達，可以共同與材料對話、更了解作者想要傳達的本意，再以此為基礎，進入彼此的認知世界加以詮釋，並與相關經驗

進行驗證，就在如此自我檢視與相互檢視中，可能迸出共證的智慧，發現生命出路的亮光！

　　身為讀書會帶領人就是協助成員們經歷這樣的過程，途中如有狀況，幫忙化解，或邀約成員們一起參與解困，畢竟，讀書會是每位成員的，學到多少或狀況處理皆是「人人有責」，帶領人頂多只是比較認真、用心的「有效成員」罷了。當然，為了引發較深入的討論或分享，帶領人及成員都可以用好奇心去探索彼此，但是，千萬不要為了滿足自己的好奇而闖入他人的私密世界。畢竟，讀書會不是輔導或諮商團體，不宜涉入個人隱私，也不要意圖協助個人解決困擾，更不用說要探討，甚至處理個人內在問題或早期創傷，這些絕對不是讀書會的功能範圍，也並非成員參加讀書會的本意。因此，讀書會的探索與探討只限個人觀點、想法、感受、相關經驗、資訊等，皆是屬於意識層面與當下覺知的內涵，同時還要尊重成員的意願，不可以勉強對方，尤其是帶領人，更不能借助自己角色的優勢強要對方表達、分享。

　　有時成員或帶領人參加過許多成長團體，覺得那樣的氣氛很棒，團體老師的帶法及活動讓自己受益很多，於是，很想將

那樣的方式帶入讀書會，甚至直接移植某個活動到讀書會裡，運氣好時，可能一切平安，而其背後卻隱藏著諸多風險。曾經有位成員在讀書會一開始就邀約大家閉眼乘坐「時光機」回到三歲時的情景，當場有人面露難過、痛苦的表情，有位成員張開眼睛不悅地表示：「我不想回到痛苦的過去！」，頓時，場面尷尬，帶領人脹紅了臉，不知如何處理。

在專業成長團體裡的每個活動都有其用意與目的，不只要依團體目標、成員需求與現場狀況安排適當活動，其帶領方式、歷程都有扎實的專業考量，包含解說方式、指導語、暖身安排等，都經過設計，且具理論基礎，因此，若未識其原貌，不知其原委，不懂其脈絡，且未具專業基礎，只因自己有參與的經驗，就依樣畫葫蘆的引用，會讓自己和成員掉入險境，也容易讓讀書會變質。

因此，讀書會若要運用活動，請先釐清其目的，是要暖身用，還是想藉由活動讓成員體會書中某個議題，或是想引發某些討論？其次，要考量活動進行的層次，設定討論或分享的深度與界線，最後，謹記「活動」的定位是輔助、是媒介，回到材料內容、主題與成員間的對話，才是讀書會的主體！

12 悲憫與智慧鋪成教育之路

　　近日接受某宗教團體邀約，為其海外信眾進行讀書會帶領人培訓，由於疫情關係，只能採用線上學習方式，又因為兩地時差因素，我連著兩天於上午七點就開始上課，雖然在線上學習有許多限制，但是，進行過程不論是講述或對話，甚至分組演練，成員們都很專注參與，積極投入，甚至有少數不同國家成員是由接近午夜上課到凌晨，他們認真學習的精神，真是令人感佩！

　　課後和主辦法師聊到成員上課的反應，以及當地讀書會的進展情況，他表示由於當地相關學習資源有限，他們都非常珍惜各種學習的機會，而讀書會是最方便的媒介，因此，讀書會在當地的推展相對容易與蓬勃。

　　反觀在台灣的運作，雖然多年來持續進行帶領人培訓與後續關懷、支持，但發展情況仍離預期目標有距離，談著談著他堅毅地表示：對的事還是會堅持做下去，教育是一條長遠的路，尤其是學習習慣的翻轉，更需要時間投入，因為，一般人仍習慣聽課、寫筆記，就算參加讀書會，也期待有一位懂很多的成員提供「標準答案」，好像聽完、寫完就會了；因此，要能主動閱讀、靈活思考、消化整理，再將所感、所知表達出來，並

由交流中產生新的覺知，進而能於生活中實踐，再將踐行的發現與經驗在讀書會中分享……，這一連串求知與轉智的歷程，是需要持續培養的，也才是最真實與踏實的學習。

他相信：持續播種與灌溉，終有發芽、成長的一天。

哇，真是充滿願力與希望的宗教情懷！

的確，教育工作從來不是立竿見影的速成品，而是最根本、最具長遠影響的志業，由現實面來看，也正因為常常看不到立即具體的成效，社會上許多從事教育服務的民間團體不容易得到社會大眾資源的挹注。

記得一行禪師在〈請用我的真名呼喚我〉中提到：當你知道有年輕女孩被海盜強姦而跳海自殺，你一定會很恨那個海盜，並想要一槍將海盜打死；但是，若能進一步去了解海盜成長的環境，就知道如果不去改善海盜生長的環境，不去重新教育那個村莊的居民和小孩，那麼，今天誕生的數百位嬰兒，二十五年後就會有一大批人成為海盜。

在日常生活中也經常看到父母用不當的方式對待孩子，不只惡化親子關係，更因無知造成的傷害，對孩子產生一輩子的影響，甚至長大後，可能對社會造成更大的傷害；如果只針對

這樣的父母施以懲罰,其效果必然十分有限,若能早一天從教育著手,就能多一份善的力量。

　　教育有其「重要但不緊急」的性質,因為不急,必然面臨現實的挑戰,因為「重要」,更顯示其價值的分量;因此,選擇「教育」之路,是須要深度悲憫與高度智慧的宗教素養,才能持續前行!

13 讀書會價值的取捨

參加讀書會，所為何事？

是為了可以免費又快速的學習？還是為了可以由帶領人身上得到解惑？

的確，參加讀書會通常不需要學費，過程中也可以聽到各方見解和各種精彩的經驗，而有一些讀書會的帶領人會提供豐富的資料，教導許多知識、方法，甚至設計各種活動，引導成員由參與中產生覺知和體會，於是，讓參與成員認定讀書會只是另一種免費的學習課程，每一次有多少收穫，主責在帶領人，自己是不需要為學習負責的，因此，參加前不用預讀、消化、思考，過程中，想說就開口，不想聽就神遊，畢竟，帶領人都是有備而來，跟著他就好了，就算有時想要分享，也不一定有機會……。

為了打破這樣的迷思（myth），有位帶領人決定帶領大家討論他自己也不太懂的《老子》，也許是大家對此書很感興趣，也同樣讀不懂，因此，一招生就立刻爆滿。

第一次聚會時，帶領人邀約大家談談參加動機和期待，果不其然，大多數人都是為了好奇和解惑而來，更期待由帶領人的解說中快速、直接讀懂，希望每一次都能收穫滿滿，接著帶

領人說明爾後的進行方式是每一位成員都要有備而來，分擔學習的責任，因為帶領人對此書的內容也有許多不解，想藉由集體共學來建構對內容及背後深意的了解，因此，每次由一組主責該次進度的資料收集與整理，並分享相關經驗，以詮釋該次進度的內容，也可以準備幾個問題，供大家討論，而其他成員則可以將疑惑或對內容有所相應的經驗帶來，於過程中拋出，彼此解惑、交流⋯⋯。

　　說明過程中現場成員有的當下緊皺眉頭，搖頭不解，有的面無表情，冷靜旁觀，有的則面露欣喜，詢問更具體的做法，似乎期待一趟充滿未知卻新鮮的探索旅程即將展開。

　　看到這裡，也許你會感到很疑惑：成員負責會前資料收集、消化、擔任現場表達、分享，那麼帶領人要做什麼？還需要帶領人這個角色嗎？另外，這種進行方式會有多少人願意持續參與？

　　其實理想的讀書會是不需要設有「帶領人」這個角色的，頂多是在彼此交流過程，有人負責交通指揮，維持互動的秩序，以及提醒時間、行政事項即可，而在現實的讀書會現場，目前的帶領人還需要發揮引發、催化、聯結、回應、聚焦等功能，以助讀書會的過程能夠言之有物，協助彼此對話，以及適時的自我映照，避免離題漫談，甚或變成疑難雜症的諮詢所。

至於該讀書會後續實際參與人數，果然少了大半，顯然大多數人仍然喜歡被動吸收，還不習慣為自己的學習負一份該盡的責任，而真正出席人數與當初設定的目標差了一大截，帶領人或承辦人員並未受到責難，主辦單位主管清楚知道人數不是重點，只要有人參加，且有收穫，就是在實踐機構的價值，同時還積極共商機構之後可以多做些什麼，便於讓更多人了解與接受真正具有共學精神的讀書會。

　　這讓我想起善牧基金會的信念：「一個人的價值高於全世界」，他們每學期可以為不到十位少年長期投入多位專業社工以及各有所專的老師，這個事實讓我清楚感受到他們真正在意的不是「人數」，而是服務的過程、品質和生命的價值：只要有一位少年受益，所有的付出就值得了！

　　同樣地，許多單位在推動讀書會，又是為了什麼？當人數未達原訂目標時，帶領人或執行單位的態度是什麼？

　　是著重成本效益，還是回歸服務的本心？

　　是認為十五個人比較划得來，還是五個人也依然值得？

　　前者是管理本位的思維，後者則是人文價值的堅持。

　　每個人都有自己內在真正的價值觀，只有在有狀況發生時，才能實際驗證平日所宣講的價值是否貨真價實！

14 由他助到自助

　　在讀書會裡可以聽聽別人、想想自己，也有機會聊聊自己、回應他人，也許是這樣的互動氣氛讓我喜歡參加讀書會，喜歡它的自在、多元，能欣賞別人和自己不同的理解角度、深度，以及獨特的經驗，更享受由其中相互驗證所激發出的火花，不只擴展對材料的認知內涵，也常啟動人性共通悲喜掙扎的感同，滋潤了偶爾乾涸的心田，柔軟了有些僵硬的思維，而這一連串與書、與成員、與自己的對話，更交織出一張張堅韌的生命之網，扶持我能跳出井底，豐富我有限的感知，映照出更寬廣的可能。

　　在這樣的場域裡，人人都是老師，彼此相互學習，十足見證「聞道有先後，術業有專攻」的平等關係，人我間既是獨立的存有個體，又有相互依賴的關係。

　　只是在讀書會的現場好像不盡如此，有時會出現不一樣的場景：

　　「我們的讀書會帶領人好認真，每次都會準備許多資料給我們參考，也會很仔細地幫我們找重點，我們幾乎可以不用看書或做準備，反正去了，帶領人就會給我們東西，帶我們做活動……」

「原本我擔心自己不會表達，也不是那麼喜歡讀書，是朋友推薦說這位帶領人很會帶動，只要人來了就好，不讀書也沒有關係，因為有時候進行的內容也和書沒什麼關係……」

「我帶這個讀書會已經兩年多，最近發現已經沒有新東西可以給他們，加上家裡有些事較忙，希望他們能自己進行，可是，他們說如果我無法帶領，他們可能就會暫停或解散……」

以上情況你似曾相識嗎？

讀書會不是一種「共學」的團體，人人皆要貢獻，一起為彼此的學習付出並共同負責嗎？怎麼會變成「依賴帶領人」的學習方式？這是帶領人或成員的因素，還是其他因素所致？

回顧學習的歷程，自幼稚園起我們就被教導、被安排，依著老師的進度、方式進行有系統的學習，在體制的要求與制約中，我們學會配合，學會反射式的給予標準答案，放棄了思辨，放棄了為自己的學習負起責任，這樣的被動學習習慣也就自然帶進讀書會裡，帶領人也理所當然扮演起主導者，成員也不自覺地配合帶領人的安排，忘了我們小時候曾經私下和自己或同伴在遊玩中沒有老師教導，沒有他人安排，卻能互相帶領或配合，遇到狀況也一起發想，嘗試解決，常常玩得很開心，彼此

都是遊戲的參與者，也是學習的主導者；因此，嚴肅地說，讀書會其實是要喚醒我們本有的能力與潛質，當自己學習的主人。

　　習慣的養成是經過相當的時間，要改變也需要一些歷程，因此，在讀書會裡要轉換這樣的學習模式，需要彼此共同努力。一方面帶領人要有這樣的認知：帶領人的角色與功能不在主導與教導，而是引導、協助、支持與陪伴；另一方面要幫助成員了解讀書會的學習型式與來源不同於傳統學校的教與學，是由大家共同參與，一起承擔，過程中任何的狀況發生都是最真實的學習材料，也是當下最直接、最寶貴的成長來源；而在實際運作過程，就角色關係來看，帶領人可以由居中主導慢慢轉為協同支持，亦即帶領人在讀書會團體的位置一開始可以居於團體中央，做一些必要的安排和帶領，漸漸地，要往邊緣移動，協助團體自己多做一些，多負擔一些整體和個人事宜，例如：選出班長負責整體事務，將成員分組，組長協助聯絡、關懷，每次由一組分擔一些讀書會內容（如：分享某個主題，依該次進度提出幾個問題供大家討論……），或現場分組討論材料重點、個人相關經驗聯結，甚至相互提問、彼此回饋等。

　　如果要讓讀書會的學習成果能真正內化為自己的一部分，

也讓讀書會成為彼此終身學習的源頭活水，身為帶領人可以藉由各種可能的方式培養成員能力與信心，點燃參與的熱情，同時，身為成員也要漸漸習慣參與整個過程，建立「讀書會是我們的團體」的觀念，使得讀書會能由以帶領人為中心，轉為帶領人也是成員之一，到退出讀書會，讓讀書會由成員們主導，共同經營，相互帶領，如此，才能由被動依賴他人協助的學習轉而提升為自主獨立的自助學習！

共讀翻 轉學習

15 在發現中滋養生命

「我喜歡讀書會的自在、驚喜,不論準備得如何,對材料理解多少,甚至帶著許多疑問,我知道不會有人笑我、貶低我,每一次總會在成員們真誠、熱情的交流、激盪中,感受共同參與、合作學習的樂趣,也常常在有窮處又見曙光,引領大家再次體驗對話共學的美好!

我喜歡慢慢讀、靜靜聽、細細想,神遊於作者的世界,欣賞每位成員展現生命的情姿,讚歎彼此互動中,喜悅之神總愛駐足眉梢,樂助靈感的翅膀在眉間輕輕揚起⋯⋯。

這樣的歷程沒有唯一的主導者,人人都可以貢獻,彼此願意相互邀約、耐心等待,不強迫發言,容許百家爭鳴,相互挑戰。

於是,知道自己所知是很有限的,知道他人的生命歷練都是值得敬佩與學習,視野打開了,心胸寬廣了,人謙虛了;於是,柔軟的心願意參與陌生領域的閱讀,願意給自己更多不同學習的機會。

有一天,回首來時路,輕輕告訴自己:還好,我有參加讀書會,讓庸碌茫茫的生活可以暫歇、讀心、望天;同時,向讀書會夥伴們深情告白:還好,有你們真心陪伴與慷慨分享,人

生路上色彩繽紛，充滿樂趣，更因你們適時映照與彼此對話迸出的智慧火花，讓我有機會觀照自己，精進生命的品質。」

以上是我在《嚮往美感的讀書會》自序的部分內容[註]，也是參與讀書會多年的回顧與心情述說，而最近與一群讀書會帶領人針對讀書會過程中的狀況進行交流研討時，對前文最後兩句「有機會觀照自己，精進生命的品質」有了更深刻地映照與體認：

人一生的追求中，有一項最基本的功課，就是回答：「我是誰？」

讀書會是一群生命體的聚合，加上它又是強調開放、尊重、自主的共同學習過程。因此，在互動、交流中會出現什麼狀況，絕非帶領人事前充分準備所能預期或掌控，包括成員對材料的反應、對他人意見或經驗的回應，以及對帶領人的提問、表達的反應等，常有出人意表的情況；既然無法如規劃進行或控制所有的發生，身為帶領人在現場唯一能做的就是針對當下狀況的如實回應，而這「如實的回應」正是了解自己的重要線索。

譬如成員甲與孩子為某事爭執，雙方關係處在緊張中，成員甲很苦惱，不知如何是好。成員乙立即跳出來提供建議，此時你也即刻制止成員乙，告知根據讀書會公約是不可以給建議的，結果成員乙不以為然，且表示分享經驗只是想要給一些幫助，沒什麼不對，不需要這麼嚴肅，一時氣氛變得很尷尬……。

當下的你一定也不好受，覺得很冤枉（不是當初的公約都

說過了，也簽了名同意遵守！）也可能有些懊惱，發現自己太衝動了，對成員乙有些歉疚……。

這一切的發生都是老天提供的線索，讓我們有跡可循遇見真實的自己，也正好順著當時出現的反應與感覺，檢視自己背後豐富的影響源頭，如：我對成員乙給人建議時第一個出現的念頭是什麼？對不遵守約定的人我會出現什麼判斷？是什麼價值觀讓我對不遵守約定的人如此反應？我的懊惱、歉疚是針對什麼事或是對誰？如果我是對的，卻感到有些不安，這是怎麼回事？我看到自己由刺激到反應間出現什麼模式？在讀書會進行過程我是如何定位自己的角色？我認為讀書會帶領人要發揮哪些功能？這些認定背後有哪些假設……。

當我們願意把握每次的發生，真誠和它對話，不只能將現場的發生看得更清楚、完整，也能讓情緒轉化成禮物，再次找到屬於自己一小部分的拼圖。

有機會帶領讀書會是一種福分，能讓我們在發生中看見自己，重新認識自己，並在持續自我對話中滋養生命！

註：《嚮往美感的讀書會》於 2013 年 6 月由香海文化出版。

16

學習
「心存他人，反觀自照」地說

最近和我參加同一個課程的朋友來電表示：因臉上長了疹子，要我幫他請假，我回說：「一定是你最近太忙，才會這樣！」他有些不悅地回說：「是被傳染的，與忙不忙無關！」

在某個聚會裡，一位成員正為女兒要嫁給小她五歲的男士而煩惱，成員甲認為這樣的婚姻將來會有問題，我請成員甲談談會有如此看法的依據，他即表示：以前長輩就一直提醒我們啊！

回想當初會如此回應朋友，我背後想法是：「工作、生活太過忙碌，身體疲累，導致免疫力下降，所以，會引發病毒」，這樣的推論也許只是生病的可能之一，我卻「鐵口直斷」地回他，可見人在聽他人說話時，常會同步幫對方解釋，而當下回應出來的內容，也正反映出自己內在的假設或價值觀，如同我會說出「你太忙」，是因為我知道他最近事情很多，不只工作忙碌，晚上還要去參加志工服務和開會。所以，當聽到他那樣說時，我理所當然地推論他的因果關係；而成員甲則是根據他內在的價值觀，並未進一步了解那位成員真正的擔心，就做了直接地回應。

我們會說出這些話的起心動念，可能都是善的，包括關心

對方、避免對方做出不當的決定等，只是對方收到的可能並非如此。因此，如果能在接收他人訊息與進行反應中間，安裝一個「暫停按鈕」，也許就有機會察覺與檢視自己正要脫口而出的話語，其背後潛藏了什麼樣的內在假設、價值觀或意圖，這一念之轉，也許就會多做一些關懷式的詢問與了解，更貼近他目前的狀態，而說出不同的話語，產生不一樣的關係與結果。

我參與讀書會多年以來，深深感知每一次讀書會的進行，都提供了最真實的對話學習，每一次我開口說話，都暴露了我當下內在的狀態，就算我沉默未語，我的內在也未曾停歇，只要我願意將表達當作一面鏡子或引子，它都會讓我看見當下真實的自己。

譬如大家正在熱烈討論「某道場建築的特色」，我突然想起參加禪修的經驗，以及下山後的影響，並迫不及待地分享出來，當下就製造了讀書會常見的狀況之一：「離題」。當時的我是活在自我的世界裡，只想要說，可能忘了正在討論的主題，也可能明知離題，卻管不住想說的那張「嘴」，只是要即刻滿足「表達」與「被知」的需求，此時如果討論帶領人或其他成員能適時提醒，也許我就有機會及時剎車，看見自己如此只顧自己，甚至目中無人的的狀態。

由於讀書會的精神是「人人平等」，彼此都是以「人」相待，因此，讀書會能提供一個非常可貴的機會，讓彼此可以卸下日常的角色，學習真正回歸做一個「人」的互動，過程中，可以表達真實的感覺、經驗與看法，同時，也有機會得到真誠地關懷與回饋；也就是說，我可以將我讀到的重點說出來，也可以

提出各種疑惑、見解，分享成功或挫敗的經驗，而不用擔心會被取笑或被責備，於是，自然就會形塑出一種自在交流的氣氛。

　　這種自在的氣氛，會創造人際間最可貴的「信任」，一旦彼此之間具有足夠的信任關係，我就能夠更開放地去聽、去說、去觀察、去接受他人的反應，內在的敏感度也會油然而生，能對眼前發生的狀況更有感，對成員的反應更有覺知；記得有一次正在討論給孩子零用錢的議題，我聽了幾位分享後，也很想說說自己的經驗，一開始大家都很專心地聽，當我說完經驗，開始想要分析背後的道理時，有人開始拿出手機，有人和隔壁成員講話，有人眉頭皺了起來，更有人起身去倒茶水，當下我有一股「不被尊重」的負面感覺升起，接著，另一股聲音出現：「他們不是你的學生，不想要聽你說一大套理論」，於是，我當下快速做個結論，那一瞬間，看到成員們臉上線條鬆了，而我也鬆了一口氣；回家後，回想這個「發生」，我不禁對在學校上課的學生感到抱歉，他們可能也曾有過類似的經驗，可是基於角色、地位、權力的不平等，只能默默地忍受枯燥、無聊的「教誨」，頂多讓自己放空，而不敢直接反應。

　　因此，不論是在生活中與朋友、家人的互動，於工作中和同事、學生的交流，或者在讀書會裡參與討論等，如果能時時提醒自己：「心存他人」，就可以避免主觀獨白，產生「獨樂眾卻不樂」的窘境；同時，也用意要求自己：「反觀自照」，檢視發出聲音之前那一當下念頭背後隱含了那些假設、價值觀或意圖，也許就能讓自己的「善意」，經由適當的了解與「善說」，轉化出「善果」的本意！

17 對話心態成就對話品質

　　如果在讀書會的交流互動中，容易出現沒有交集的各說各話，或是堅持己見的爭論，以致感覺鬆散，沒有收穫，或是氣氛有些緊張，讓人不太舒服，通常都是缺少了「對話精神」所致。

　　而要能有「對話精神」的展現，成員需要具備幾個基本心態：

　　首先是「平等相待」。

　　每位成員在生活、工作中，都扮演許多角色，如：主管、員工、父母、子女等，同時，也具有不同的條件，如：學經歷、經濟情況、家世背景、知識程度、價值觀等，若將這些角色、條件帶入讀書會，就會影響每個人的表現，出現諸多不平等的對待而不自覺；一旦感受到被不平等對待，可能會產生反擊或退縮的反應。

　　因此，若期待被平等對待，則要能先以「平等」對待他人，而最簡單的方式，就是將外在的角色、條件有自覺地暫時擱下，回到彼此都是「人」的狀態，以單純的「人」相待，才能自在參與，開心互動。

　　其次是「願意聆聽」。

「被了解」是人的基本需求，當有人能夠專注聆聽，我們就會願意多多表達；一旦對方能多說一些，我們才能多些了解，可見「聆聽」是了解的簡易法門。

　　讀書會的可貴之處，就是可以藉由他人的表達與分享，擴增理解的深廣度，照亮自以為是的盲點，也常常能在成員的經驗中，聽到可以學習或轉化的智慧；因此，提醒自己時時打開心耳，才能接收到豐富的內容。

　　真正的對話，是有交集的互動，不是只說我要說的，而是，在聽到也聽懂對方所說的基礎上，進行回應與表達，可見優質的聆聽是多麼地重要。

　　接著是「真誠分享」。

　　讀會的學習來自每位成員的貢獻，因此，除了聆聽尚要表達，如果我們在乎每位成員，珍惜彼此共學的機會，自然會願意將所知、所感真心分享，不會只做表面的虛應故事，而是忠於本心，實在表達。

　　人是敏感的，只要打從心底，以關懷對方為本的說，對方自然能感受且接收得到那份真與善，進而產生彼此信任的關係。

　　再來是「尊重異見」。

每個人都是獨特的，出現不同的想法、不一樣的邏輯與表達風格等，是非常自然的，只是我們的主觀總是習慣將他人和自己的「不同」視為「不對」，因此，當聽到不一樣，甚至相反的意見時，會不自覺地想要打斷，甚至反駁，而忘了來參加讀書會的作用，不就是可以聽到不熟悉的見解，不同於自己認定的看法或思維模式嗎？

　　可見若能培養接納「不同」的態度，去讀一讀每個觀點背後的假設，去發現每一個經驗背後隱含的重要訊息，不只增加收穫，更能彰顯對每個人存在價值的看重。

　　然後是「深度反思」。

　　對話的目的不是要表現自己懂多少，更不是要說服對方，而是經由聆聽、理解，產生自我對話的機緣。

　　簡言之，對話過程要保持自我覺知的清醒，所有過程的內容與發生，都是引發自我映照的線索，回看檢視自己的內在，就能更清楚了解自己，如實看見自己的偏狹、主觀與有限，如此，將種下翻轉的契機。

　　最後是「允許改變」。

　　當接收到多元的訊息，也做了內在反思的對話，就要勇敢

的面對需要調整的部分。

　　面對需要改變，人有許多擔心與抗拒，總想保有原來的一切，這是人性安全感的需求，同時，我們也知道，要有所成長的代價之一，就是踏出「舒適圈」，因此，能夠允許自己可以改變，是邁向成熟的必要條件。

　　以上六個內心的態度不是一蹴可幾，讀書會本來就是一連串的學習過程，只要有心，用心持續嘗試、練習，對話的品質就在每一次彼此的努力中，點滴累積而有所成就。

18 讀書會是學習有意識地活著

在一次讀書會經驗交流會中，一位成員表示：

「讀書會帶給我最大的收穫是：發現自己以前是如此地喜歡掌控孩子。」

接著引發出一連串的回應：

「對啊，我也是！現在我比較能靜下心來，提醒自己要先打開耳朵，聽聽孩子的聲音。」

「書上提到的一個觀念讓我很受用：孩子的言行反應是一面鏡子，提醒我看清自己，讓我學會有意識地活著。」

「我聽了大家回家後的行動和改變，也開始試著在和家人互動時，能提醒自己要暫停，重新省察自己的起心動念。」

「的確，自從學到分辨是自己的需要還是對方的需要後，我似乎不會那麼容易囉嗦了。」

「記得有位同學曾經問我：那是你『想要』還是你的『需要』？讓我到現在每當一個衝動或欲望出現時，都會反問自己！」

以上各種自我發現、行動或收穫就是讀書會典型的「教育」功能。

之所以強調「教育」功能，意指讀書會不是心理諮商或治

療團體，它的主要目的並非意圖化解成員的心理困擾、處理精神症狀或解決生活難題，而是經由閱讀與交流產生「學習」，因此，基本上包含了「自我教育」與「相互教育」兩種類型。

「自我教育」來自個人閱讀、理解、思考、消化，以及在讀書會裡的表達、互動中，自己知道了一些知識、工具（如：覺察圈）、學到一些經驗，以及會後的反思、沉澱，讓自己有所領悟，或在生活中加以運用，而產生新的轉換可能。

「相互教育」則包含與作者對話，以及和其他成員互動、激盪中，互為師生，在彼此貢獻、相互借鏡中產生了共鳴、釐清、提醒等多元學習的內涵。

不論是「自我教育」或「相互教育」，能產生類似「見賢思齊」、「知性啟發」、「潛移默化」等學習效果，其關鍵源自於能真實的「自我覺知」，也就是適時出現「反觀自照」的狀態。

身為以「教育功能」為核心的讀書會帶領人，有人以為就是要教導，要告知成員一些或一套東西，甚至是要扮演老師的角色，這是對「教育」的刻板印象，以致有些帶領人會變成很死板地依材料內容逐段、逐頁照本宣科地進行，就算有提問，也變成一問一答，顯得制式單調而無趣。

其實讀書會只是個「平台」，讓書中材料與成員們的認知、感受、經驗在其中交流、對話，也許在激盪中會迸出火花，會引發內在對話，因此，帶領人參與其中，也只是「催化」對話

順暢，偶而「搧風點火」，讓討論內容更多元、豐富，必要時，適度「引導」，有助產生較具深度的對話或反思而已。

　　如果讀書會帶領人的主要任務是協助成員將內在的意識順利被激發與表達，他就不需要學習、具備各種心理理論的知識和技巧（如：認知行為治療、完形理論、家庭重塑、家族排列、心理劇、正念治療、解夢、催眠、NLP、心靈書寫，甚至是花精治療、鑽石途徑等），也不用去探索、詮釋成員的背景、內在心理歷程等專業助人者的工作，而是真正需要一顆願意全然接納、開放的「聆聽心」，引發靈活交流的「提問力」，適當整合與催化的「組織力」、「引導力」和「回應力」，以及略具基礎的團體動力學和正確解讀材料的方法。

　　如果讀書會帶領人不以心理專業人員自許，不會想去探討成員內在心理世界，不期待扮演「拯救者」、「開示者」，只是真誠陪伴、善解聆聽，在材料重點與內容脈絡的基礎上，協助彼此自在地對話，如此一來，相信成員們在輕鬆的氣氛中，即能由材料中吸收有用的知識、觀念，也在坦誠的交流、分享中，相互吸納，彼此映照，自然能湧生內在自覺，有意識地活在覺知中。

經由對話打開自覺之門

某次讀書會，正討論到「人常常自以為是」時，一位媽媽有點激動的說：「我對待孩子就是如此！」

原來她一直以成績來要求孩子。每當孩子有意見，她就回說：「我是為你好！」結果孩子成績節節退步；有一天，老師甚至跟孩子說：「你真的要報名參加考試嗎？報名費很貴耶！不要浪費父母的錢了。」後來，勉強讀了二專，最後一學期老師通知家長說：「孩子可能畢不了業。」此時，媽媽才恍然大悟：孩子能力並不差，這麼多年來都是在反抗她的權威。於是，跟孩子好好談了之後，決定讓孩子走自己想走的路，結果是：去年孩子研究所畢業了。畢業時，孩子跟她說：「如果能早一點讓他有自己學習的空間，這條路就不會走的這麼辛苦。」說完後兩人相擁大哭。

這位媽媽分享完，當場一位成員回饋道：「謝謝妳如此真切的分享！這對我是很好的提醒，我有兩個孩子，我對待他們的方式也是：『聽我的就對了！』我聽不進去他們的聲音，似乎也正走上妳和孩子過去的路……」

父母對子女的要求或期待都本於「善的出發」，因為自認是「為他好」，所以，所有與自己不同的聲音都斥為異端。同時，

也忽略了學習的主體是「孩子」，以致當孩子的聲音得不到父母應有的重視時，他只能消極的抵抗，更嚴重的就可能以「放棄學習」來平衡內在的不滿。

孩子是父母的寶貝，沒有父母樂見孩子放棄自己，因此，在要求孩子的同時，是否可以提醒自己照照鏡子，看看自己當下「自以為是」的樣子；而當孩子有不同的聲音時，是否也能暫時擱置自己「優勢的看法」，將喋喋不休的雙唇緊閉，打開耳朵與心門，耐心的聽聽孩子的委屈與想法。

也許就是一場真誠的對話，將親子間的距離拉進，將彼此僵化的關係，注入了溫暖的關懷。

孩子的「存在價值」需要被看見，孩子的「興趣與需求」需要被適度滿足，這是身為人的基本權利和尊嚴；孩子不是父母的產品，父母不用一直扮演製造商，能給孩子發展的空間，不只父母輕鬆，孩子也能在發展中成就自己。

如果不想因「自以為是」而在無心之中誤了孩子學習之路，就請張開心眼，與孩子真情的對話，還給孩子一個有尊嚴、有自己的學習人生。

天下沒有不是的父母，只有「不自覺」的父母；讀書會的

對話提供一個安全自在的交流機會，往往在彼此真誠分享中，因信任而敞開心門，聽到別人的經驗，自然會有所反思，引發自我對話，自我覺照油然而生，一旦有所自覺，成長就啟程了！

20 暫停，看見書中人生錦囊

「讀書很重要！」

所以，老師要求學生用功讀書，家長時時督促孩子認真讀書，教育主管當局大力推動閱讀，而民間單位也積極辦理各式各樣讀書會，似乎「讀書」成了現代人不可或缺的一部分。

只是在學校的「讀書」大都為了「考試」、「成績」，好像與實際生活或解決人生難題沒什麼直接助益，也因此就算累積了多年的讀書經驗，並不代表吸收了多少書中精華，內化了作者多少的智慧。

因此，當我們重新反思「閱讀」這件事，不再被「考試」、「成績」制約時，不用為滿足他人期待而不得不讀時，讀書的功能有沒有可能活化起來？

這些年的閱讀經驗告訴我：只要能靜下心來，慢慢咀嚼，細細品味，除了可以增加知識，更能經由與內容、作者對話，讓自己本有的認知與經驗，在重新整理與印證中，有了新的發現與體認。

就以閱讀《為自己出征》一書為例，它是一本寓言故事，簡短易讀，可以當閒書瀏覽，也可以深度解讀，藉由書中主角的經歷，讓自己的生命也跟著進行完整的「自我映照」之旅。

以下是我閱讀此書的些許體知：

人一出生，就有角色，隨著成長、歷練，角色也更多元，直至生命結束似乎都活在角色中。

有些角色我們喜歡，有些不喜歡，隨著日復一日的扮演，不自覺的用角色活出自己，甚至分不清我與角色的區別。也許偶爾內在真正的「我」會出聲抗議，但是，堅強的角色已形成一層堅固的保護膜，讓「心聲」與外界隔離，久而久之，「我」成了「自己」的陌生人，「角色」成了「我」，我找不到真正的自己！

蘇格拉底認為「認識你自己」是人生最重要的課題，也是一場長征之旅，如同 Robert Fisher 在《為自己出征》一書中的武士，日夜皆穿戴著盔甲，以便隨時出征，終至有一天家人要求他將盔甲卸下，以便看到他的真實面貌時，他才發現盔甲已脫不下來。

為了脫下盔甲，回復活生生、有溫度的「自己」，武士開始了追尋自我之旅。

書中用三個城堡來象徵「認識自我」的歷程：

首先是「沉默之堡」。

你我每日生活在忙碌、喧譁中，外放多而內省少，最熟悉的反而是外在的世界，因此，了解自己的第一步就是要先學會「完全的面對自己」，而能靜靜地與自己相處，才能聽到心內真實的聲音，如此經由自省，學習接納自己，正是打開心門的契機。

　　其次是「知識之堡」。

　　人的可貴之處在於「有自覺能力」，自覺力就是一種「自知之明」，它帶來對世界的了解，讓人具有分辨、判斷的能力，當我們能對自己有更清明的「看見」時，所有自我本具的一切都是學習的源頭，智慧之光會在其中閃現。

　　第三是「志勇之堡」。

　　在追尋自我過程中難免會有疑惑，遇到困頓也會有所擔心，甚至許多挑戰讓我們害怕，想要退轉，就像故事中的「疑懼之龍」，牠最喜歡的是疑慮和恐懼，如果無法克服自己心內的疑懼，不相信自己的「有」與「能」，疑懼只會不斷的被自己放大，因此，只要用如實的我持續往前，疑懼終是幻相，自然消失。

　　通過三座城堡，武士身上的盔甲一一掉落，武士終於觸摸到真實的自己，一顆自由的心靈充滿對未知的相信，因為武士

找到內心最重要的源頭：「愛」，包括對自己、親友與世界。

　　人一輩子的努力，就是在完成自我中得到自由，「為自己出征」的故事，就是帶著我們經歷由「面對自己」、「了解自己」到「超越自己」，進而「回歸真我」的生命循環。

　　當我先試著客觀了解故事內容後，再停留在閱讀過程觸動我的部分，好好與自己內在對話，讓故事滋潤我，最後，重新整理故事內容和我的生命撞擊後的看見與沉澱，於是，我發現了生命「重生」的軌跡與契機。

　　親愛的朋友，只要是用生命書寫的書，都蘊藏了作者豐富的經驗與智慧，請讓自己暫停、細讀、體會，書中常常可以找到解開人生困頓的線索！

共讀翻轉學習

21　確立人生的恆星

在「高效閱讀」的課堂中，一位家長說：「我的孩子不喜歡讀書，對閱讀也沒有興趣，我只好經常逼他讀書，畢竟成績很重要，可是，親子關係也變得很緊張，我實在不喜歡變成這樣……」

的確，這是常見的景象：具體展現的行為和自己的本意相異，甚至相反；就像我們知道抽菸不利健康，自己也決定開始戒菸，可是，當好友們相聚，有人請你抽菸，你也就順手抽了，當時一個念頭閃過：明天再開始吧，今天難得大家開心碰面，不要壞了氣氛。

人很厲害的地方就是總可以為自己的「不得已」找到「正當」的理由，讓自己的實際行為顯得很合理。

就像這位家長也想要有親和的親子關係，可是當遇到「成績」時，顯然「眼前的現實」立即戰勝「隱性的關係」，而事後會想說出來，也反映了內在的不安。

相對地，也有人會選擇忠於自己的決定。

記得在一場生日歡宴中，主人帶了數瓶紅酒請大家暢飲，就在眾人酒酣耳熱中，突然有人發現某人每次舉杯敬酒時，都是拿茶杯致意，大家就起鬨說他不夠誠意，他回說：因為信仰

的關係，不能喝酒，接著有人提議：「你就倒一點酒，舉杯沾一下嘛！」，他仍是微笑搖搖頭。

這些看似生活中的小事，其實是反映了個人內在「價值觀」的狀態。

「價值觀」和自己的關係，可以大略分為兩個層面：「了解」與「實踐」。

「了解」，簡單地說就是「知道」什麼是重要的，這對一般人都非難事，因為從小到大都被灌輸許多合乎社會價值的內涵，如：健康、誠實、守信、守法、快樂、孝順、尊重等。

而當遇到生活中的各種情境時，才是考驗自己真正「在乎」的是什麼？

也就是說，當我們處在平順的日子，我們所知道的「價值觀」，似乎就是如此理所當然，一旦狀況出現，面臨需要即刻「抉擇」時，才會發現自己的價值觀是清楚或是混淆的？有些人做了決定後，才發現自己並非活在之前「以為」的價值觀裡，會由實際的經驗中去理解與反思，重新建立合乎自己的價值觀；有的人則是無感的，如果旁人提醒他似乎言行不一，他可能會說：「此一時也，彼一時也，人要懂得變通。」

如果只是單向接受某些價值觀，卻活在如此多元的時代，要經常面對似是而非，價值矛盾的茫然中，勢必很難活出踏實清明的人生，因此，也許可以藉由生活中的點滴發生，有意識地開始學習分辨與決定，經常自問：「我的行為反應和我的感覺、想法一致嗎？」「我這樣做合乎我的本意、初衷嗎？」「對我而言，什麼是最重要的？」等等。

　　「價值觀」就像指引人生的恆星，也正是處在混沌不明的今日，送給自己生命最具意義的禮物。

22 讀多不如讀懂活用

應邀到北、中、南等地和有意申請「三好校園計畫」的學校代表進行「三好意識會談」，期待在輕鬆的氣氛中，大家聊聊「三好」和自己、學生與校園的關係。

一開始，大家有些觀望，可以感受到在生疏的場合，並不習慣主動、自在地表達，我開玩笑地說：「主辦單位告訴我，沒有發言的人，中午沒有便當吃。」頓時出現了笑聲，氣氛一下子輕鬆起來，我接著問：「聽到『做好事』，會立刻想到些什麼？或是有什麼畫面出現？」；有的場次我會先分享當天早上自己的相關經驗，再問大家：「這是『好事』嗎？」「這讓你想到最近有做了什麼『好事』？」於是，成員們會陸續開口，在聆聽中，彼此激盪，又引發更多分享，接著，引導成員們談談：「這許多不同的經驗都被稱為『好事』，它們之間有什麼共通之處？」，於是，「能回應別人的需求」、「做自己可以做到的」、「利人也利己」、「都是舉手之勞」、「既可以幫助別人，又能安頓好自己」等等更深一層的看見紛紛湧出。

然後，運用類似的模式進行「說好話」、「存好心」的會談；最後，我請成員們分組，就「做好事」、「說好話」、「存好心」各選一項，將這些要素化為具體作為，討論「若要將其融入校

園及教育、教學中，有些什麼可能的作法？」，再邀各組分享組內交流的精彩內容。

會後成員們的回饋包含：「經過會談導引，更加了解三好的意涵」、「多了好多推動的想法」、「藉由彼此分享，讓我有機會重新審視自己的工作、家庭、人際關係等，非常有幫助」、「經由日常生活的省思，蓄積更多實踐三好的動力」、「發現原來實踐三好並不難」、「這樣的群體會談引導，能強化認知的深度，值得推廣到教育現場」等。

忙碌的現代人，一方面較少閱讀的習慣，同時也缺乏足夠的時間閱讀較長的文本，因此，像這樣用一個主題或短句來進行群體對話，也是讀書會可以運用的形式；我們對許多話語、概念，往往能倒背如流，視為當然，雖然耳熟能詳，卻不曾好好和它對話，以致只流於知道表面字義，而未深究其內涵，因此，若能在讀書會裡，針對某句話、某個主題，由淺入深，從身邊經驗到內在意涵，進行有層次、有次第地探討，除了可以增進理解的深度，也會經由分享，發現與生活的聯結，開啟自我映照的契機，進而轉化生命的素質。

讀書會的真正目的不在於讀了多少書，而是，讀懂了多少，

讀進去了多少，又實際運用了多少；這樣的優質讀書會能在每一次的互動中，培養深度解讀與多元思考的能力，同時，也在過程中，經由持續交流，讓聆聽、接納、覺察、反思、實踐等態度與行動，能在其中逐漸陶成與落實。

23 言行合一而已

　　暑假期間和一群修習輔導學分的老師們討論「專業自我」和「日常自我」的關係，聊到身為老師或輔導人員，在教室或輔導室裡，比較可以有耐心面對學生，也會提醒自己要真誠相待，而一回到日常生活，似乎就會恢復「本來面目」。

　　談著談著突然有人發現：如果這是兩種不同面貌，而前者似乎是「裝」出來的，這樣的「工作」不是會很累嗎？能夠撐多久啊？

　　接著有成員回應：怪不得有時候會聽到助人工作者會有Burnout，心力交瘁的倦怠感，這樣的拉扯好辛苦喔！

　　另一位接著說：我知道有人是將上班與下班切割，將界線劃清，這樣才有辦法不受影響；可是，這樣會不會只把所做的事當成一份「工作」，久而久之，就漸漸無感。

　　這時，有人插話說：有可能，我曾遇過很冷漠的助人者，好像發生在我身上的事都和他無關，他只是冷眼旁「聽」，然後，冷冷地回應，沒什麼溫度。

　　的確，人人都希望能被溫暖對待，被耐心聆聽，被充分了解，被全然接納；如果這是人性的共通需求，而在日常現實中常求不得，所以，才需要有這樣的一個「場域」或「機制」，

來回應與適度滿足人性的這些需求。

　　由此看來，身為這個場域的一員或機構，其所為之事何其重要啊！他的一言一行都在影響著另一個生命啊！

　　好消息是：人可以經由學習而成長，尤其從事人的服務工作者，若能在過程中有所覺知，經常看見自己現況，並在如實接受的基礎上，去處理、去清理，就有可能將「自我」中本具的「專業特質」漸漸浮現，再和此刻的自己重新整合，如此，「專業自我」和「日常自我」就能合一了。

　　如同一位從事婚姻與家族治療的督導 George Pulliam 曾經分享道：你不論私底下或專業上，還是同一個人，只不過將你所學和擁有的經驗等等，以不同的方式運用出來而已，我並不認為自己會因而成為不同的人。[註]

　　我想是否能如實地活出合一的自己，是和內在所相信的價值觀有關，不論表面說得如何美好，行動就是最直接的見證，因此，從事人的服務工作，在踐行過程中，最直接的挑戰就是：言行是否合一？

　　每當我想到自己教導學生，在帶領讀書會或進行專業會談，該如何如何時，我的內心常會發抖，因為，我能否活出我所傳

達的訊息？我的行動會不會和我所強調的原理、原則不一致，甚至是斷裂的？

　　我需要持續地自我對話與提醒：人文教育的實踐，言行合一而已！

註：此段摘自《合作取向實務：造成改變的關係和對話》一書，第
　　366頁。

24 為成就學習者而存在

　　因應防疫需要，各項課程、各類讀書會等學習團體，毫無預警地被迫改為線上進行。

　　為了快速了解各種軟體的使用，最直接的方式，就是上網學習，觀看許多熱心的老師，慷慨分享操作方式與使用經驗。

　　對一位初學的新手來說，觀看這些教學影片最大的困難是：理解的速度趕不上講者解說的速度，過程中，不只要聽，還要看他操作，同時，自己也要試著操作，因此，常常跟不上，需要來回重複觀看、聽講與試作，導致曾經懷疑是不是自己的學習力下降了，或是有些老化的跡象？

　　經過這段時間的實際運用，由摸索試誤中，漸漸熟悉，若遇到一些使用上的困頓，再上網重看這些影片，也比較能理解、吸收其解說的內容，速度也跟得上了。

　　回顧這一段學習歷程，發現會讓初學者跟不上的關鍵是：講解者是站在自己熟悉的高度，將自己的已知表達出來，同時，我發現有一個共同特徵，就是講者說話速度很快，我還未弄清楚此刻的內容，講者已進行下一個步驟，我猜想他們在解說時，並未察覺與初學者的差距，以致會產生學習的挫敗，甚至造成某些壓力，記得過程中曾有一個念頭冒出：要不是有急迫需要，

乾脆就放棄了。

　　這個經驗也提醒我反思：自己身為教學者，是否也曾經，甚至經常以教者為中心而不自覺？對自己熟悉的內容、方式及事務如家常便飯地「視為當然」，就順順地帶過，而忘了學習者此刻的「起點行為」是和自己很不一樣的。

　　教學的目的是協助對方有效學習，因此，「學習者」才是主角，尤其面對初學者，更要去觀照當下學習情況，以便調整適當的內容、解說方式與進行方式，如果像前面提到的錄影教學，因為無法有即時互動，更要重溫自己初學的狀態，回想當初自己是新手時，會期待教者以何種速度、內容及方式進行教學，尤其當你面對的是一般初學者，而非資優學生時，更要以初學者能理解的方式，能跟得上的速度來進行。

　　記得我在念物理系時，曾聽系上老師提到，最難教的科目就是大一的「普通物理」，後來跨到社工領域後，也聽到類似的說法：「『社工概論』最不好教，大家都不想教，所以，就採輪流方式安排。」對老師們來說，已經鑽研到很專精的深度，要回到最基礎的基本面，的確會有「曾經滄海難為水」的感慨。

　　回想自己這幾年的教學經驗，對已經很熟悉的內容會不經

意地匆匆概述，當時似乎有一個聲音告訴自己：這麼「簡單」的東西，他們「應該」都懂，不用花太多時間細講，尤其當學生沒有提問時，就以為他們都懂了、都會了。

　　感謝此次的學習經驗，讓我有機會由「初學者」開始，重新發現教學者的核心價值，不在於展現自己懂得多少，而是為成就學習者而存在的！

25 期許提升幸福感

　　參加讀書會近三十年來，每次結束後走出讀書會的步履都是輕鬆、開心，不只嘴角上揚，內心常常裝得滿滿，感到好滿足、好幸福，有時甚至有如心靈洗滌般的舒暢；只是偶爾看到有些人參加某些讀書會後，卻是心情下滑，甚至沉重、灰暗時，不禁讓我重新反思：「帶領人在讀書會過程中到底所為何事？」

　　我相信：讀書會帶領人是在討論過程中，經由彼此與書、與人真誠對話激盪出的動力，協助成員發現自己的「有」與「能」，甚至照見盲點，看見自己的亮光；而有些帶領人會不會不經意的扮演了「拯救者」，甚至「治療者」的角色，試圖打開成員內在世界，卻無力妥善重新關好門扉，以致讓成員黯淡地離去，更不幸的是帶領人毫不自覺，還為自己讓成員流淚感到欣慰？

　　讀書會是一個共同學習的開放平台，帶領人頂多是對材料比較熟悉，對帶領討論的方法有些了解和參與經驗，加上有意識地傾聽與回應而已，他不是某領域的權威，也非助人專家，或是心靈導師，他沒有權力邀約，更不能要求成員分享私密經驗，甚至負面、受傷的過往；就算成員願意主動分享，身為帶領人也要知所分寸，謹守界線，及時說「不」！

也許帶領人並無意要進行診斷、化解苦難，只是有時坐在那個位子，感受到成員的「苦」，接收到成員期待的眼神，一股「拔苦予樂」的慈悲心不自覺地油然升起，就在傾聽、回應中，不知不覺進入成員的內在世界，探索其成長歷程的苦與悲，潛在中或許以為：讓他重回傷痛的過往，就是一種最好的「救贖」，讓他有機會碰觸「受傷的小孩」，他才有機會長出成熟的「大我」，甚至以為自己有能力陪伴、分擔與解決……。

　　如果是在諮商或治療團體，這些都是常見、合宜的過程，問題是：「讀書會」是什麼樣的團體？它主要的任務或功能是什麼？它有什麼基本限制？

　　也許有人會問：「難道讀書會不能或不具有治療功能嗎？」「如果在互動過程碰觸到傷痛之處或者成員帶著人生困惑想來求助，讀書會可以做些什麼？」

　　理論上，「讀書會」是可以與「助人」聯結，它是具有些許「輔導」成分的「共學團體」，在團體工作領域的分類中它是兼具「互助性」、「教育性」與「成長性」的團體，「互助性」是指「學習來自成員彼此交流，相互幫助」，因此，帶領人也是參與者之一，他不是成員學習的主要來源，更不應該是

學習的權威，他只是大家學習過程中具有「催化」功能的「媒介」，而「教育性」與「成長性」則意味著：讀書會是以材料「知性」理解為基礎，經由認知或觀念啟迪，同時與自己所知、所感相互映照，接著進行相關經驗的檢視與驗證，產生「覺察」（awareness），進而可能因有所「洞察」（insight）而發生認知或感覺的「轉化」、「改變」，甚至「頓悟」。

由此可知讀書會可以經由「知性啟發」的過程，產生具有治療味道的協助功能，這是和以「成員」為核心主體的團體諮商或治療的歷程有所不同。

如同在《嚮往美感的讀書會》中〈知性啟發即治療〉一文提到：「當進行驗證與覺察時，難免會進入心理層面的對話，此時，帶領人與成員只要專心聆聽，給予了解式的回應，不須做好奇式地探索、深度挖掘或病因探討、解析……，溫暖、了解地陪伴，就是最適當的支持與協助；頂多於該成員較平靜後，邀他說說由自己的掙扎中對自己有什麼新發現，也可以邀請其他成員談談聽完分享後，有哪些地方與材料可以相互印證，或經由書中論點想和該成員說些什麼，或者由此過程自己學到了什麼……」，就像該篇文末的「心法」所說：讀書會的「治療

歷程是由知性接收出發，經由感性掙扎與理性沉澱後，回到知性的清朗」！

　　不論你參加過多少成長團體，具備多少助人的專業背景和能力，讓我們彼此提醒：在讀書會過程中，學習以全然接納的傾聽，進行具有「肯定與了解」的正向「回應」，並試著回扣材料內蘊的深意，讓成員在每次的交流、分享中，不只有貢獻、有學習、有收穫，也帶著喜悅與希望邁向人生下一站。

　　我們一起期許：參加讀書會可以這麼幸福！

PART 2 學習翻轉生命

每個生命的存在都有其影響力，若能真實了解自己現況，願意迎向上天安排的成長之路，生命本具的潛在，必能豐富地開展，貢獻他人，成就彼此！

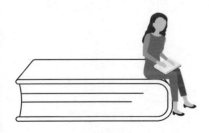

01 以貢獻所長，開展新人生

　　恩師陳怡安教授在二〇一三年五月「人僕」課程的第一堂開場時，即開宗明義地叮嚀在座成員：「生命是來貢獻的！」

　　的確，人活在世界的價值是將自己所有、所能貢獻出來，讓他人受益，讓世界更美好，自己自然也會在其中有所收穫。

　　關鍵是：**我有什麼可以貢獻？**

　　沒有人什麼都具足、什麼都會，因此，如果可以由了解自己所長是什麼，對什麼有興趣，做什麼最自在，自己的價值觀最在意的是什麼……等「知己」之處開始，漸漸就會發現自己最可以貢獻的是什麼。

　　上天給了每個人不同的禮物：有人很會賺錢，有人口才很溜，有人很有愛心，有人很細心，有人神經很大條、但很熱心，有人很敏感，有人很能堅持到底，有人善變、點子多，有人相當有條理，有人歌聲很美，有人對文學很有興趣，有人喜歡手工藝，有人獨愛烹調，有人愛秀，有人喜歡靜靜地聽人說話，有人在台上活似一條龍，有人適合當主管，有人適合當顧問，有人適合當執行者；人人皆有其個別的特性或能力，如同上天都給了每個人一個適合他的舞台，只是我們有否找到自己的舞台，盡情地演出自己。

記得小學寫「我的志願」作文時，因對數理很有興趣，立志當個偉大的科學家，雖然也喜歡散文、小說、新詩，但不喜歡偏記憶的科目，因此，大學選擇物理系就讀，讀的過程才發現自己沒有成為偉大科學家的資質，倒是在參加社團的山歌教唱中，發現自己雖然學習速度較慢，一旦學會去教別人唱時，似乎學習者可以很快學會，這讓我回想起中學時，因數學成績不錯，同學有疑惑時會問我，經我解說，他們也都明白，後來，從事社區兒童工作，需要培訓與督導志工，甚至為協助社區輟學家長而開辦「識字班」，我由教材收集、整編到教學，都滿得心應手，樂在其中。這些經驗讓我得到一個訊息：與其從事直接服務，做第一線工作，似乎老天要我培育更多人才去從事服務工作，因為，我感受到自己對教育的熱忱，以及具有的教學能力。

　　人若能「善知」上天賜予的禮物，就能了解自己的「天命」——上天賦予的使命，自然能夠「善用」此禮物，貢獻於「天命」的正道上。

　　「善用」的智慧在於「趨長避短」，如同管理學大師彼得・杜拉克在其《21世紀的管理挑戰》一書中提到：「一個人只能

從自己的長處，而不能從自己的缺點上去發揮。人應避免從事能力不足或缺乏天分的工作，一個人的精力一定要用在所擅長的方面。」可見不只要了解自己的「有」與「能」，也要清楚自己的不足或弱處，才不至於事倍功半，甚至弄巧成拙，就像有人很會做菜，但不擅言辭，他可以做一位很出色的廚師，並不需要勉強自己上烹飪節目進行講解，如同一位業績很好的超級業務員，不一定能勝任業務主管的職務，如果管理一群業務人員並非他的強項，要及時回頭，否則，可能就終結了他的業務生命；記得有位朋友企劃與執行力都很強，被晉升為主管後很想將自己的經驗傳承，而他只會單向填鴨式表達，結果每當他上台講述，現場氣氛就很低迷，偏偏他又很有使命感，一有機會就要傳授、教導，不只部屬士氣受到影響，他自己也很挫敗，部門績效始終無法提升，以致他只能一直停留在那個位置，這就類似「彼得原理」的現象：人常是晉升到自己不可勝任的地步。

可見在學習、成長過程中，要有「自知之明」，才能選擇將有限的生命資源善用在最能發揮之處，以實踐生命的價值。人不需要什麼都想做到、做最好，只要扎扎實實做好一件自己

最能貢獻的事，「展有避無，揚能略弱」人人都可以找到屬於或適合自己的舞台，適性地展現生命獨有的情姿，如此即能活得有「重量」，也活得「單純」。

我相信「眾緣皆無不善」，在「知己順己」的過程中不會一帆風順，其間所發生的波折都是增進「知己修己」的好機緣，「上天有好生之德」，只要盡心隨緣，自然能成人安己，也就是生命最美好的貢獻！

02 由「自覺」到「自覺者」

　　三十多年前首次聽到陳怡安老師如洪鐘般的聲音說:「自覺是治療的開始」。恍如暗夜中的一道曙光,點亮了我對生命的重新看見;隨著真實生活中迎面而來的挑戰與掙扎,人性的弱竟然是將「自覺」成為掛在嘴邊的擋箭牌,以避免他人知道自己不願或無力面對真實的自己,同時,更常出現的是理直氣壯要求別人要有「自覺」,用大道理框住對方,也隔開了彼此,暫時取得安全距離。

　　多次午夜靜思,在萬籟俱寂的孤燈下,只聽見自己內在的聲音湧現,原來「自覺」只是「治療的開始『而已』」!如果「自覺」只是一個名詞,只是上課時聽到或記住的一個概念,甚至只是用來宣講的道理,它仍然只是停留在白紙黑字的死文字而已,能發揮的力量非常有限,能產生的「治療」作用也微乎其微,畢竟,知道要「自覺」與成為「自覺者」是截然不同的兩回事啊!

　　原來陳老師所說的「自覺是治療的開始」是進行式,是一種行動的宣示,人要能有所成長,真正的源頭活水來自「自己」,唯有自己願意看見自己,自己真正想要調整、轉換,成長才有可能,而所謂的「治療」也就在實際行動中自然發生了;

人本自具足，上天所造的每個生命都是完整的，只是隨著成長、受教，現代人似乎已習慣「外求」，上完一個課又急著再參加下一個團體，看似十分精進的填滿時間，卻永遠補不滿內在的空虛，學習成了收集報名收據與研習證書，以及收藏筆記的堆積遊戲。

　　有效的學習需要「時間」與「空間」，前者代表是否對自己有足夠耐心，後者意指能不能夠開放地面對自己；能足夠地開放，自然對身邊的存在與發生就會敏察、接納；有足夠耐心，就能慷慨地給自己多一些時間陪陪自己，在獨處中單純地與自己對話，於是，自己的內在就能時時和外在的發生產生有知覺地交流。

　　一旦真心發覺每一個當下都是覺察的契機時，人的心力自然回到自己，會先去檢視自己當下的狀態，也就不會想要說教，甚至要求、指責他人。

　　「自覺」是人的本能之一，沒有人可以給他人「自覺」，「自覺」一直存在自己心中，頂多是等著被「喚醒」而已[註]，如同蒙塵的寶物，所有的學習都只是協助撢去覆蓋的汙垢，讓它的原貌可以重現。由此可知，當我們想要讓一個人有所「自覺」時，

我們頂多能試著助他有意識地看見自己當下的情況，光是能做到這個部分，就已經是不得了的大功德了。

話說回來，相對於要助他人有所「自覺」，比較容易的其實是由自己做起，因為，「自覺」的本質原本就是「回歸自身」的功課，「以身作則」是最直接、有效的策略與方法，如果一個家庭能有一個人開始活在自覺中，一個組織的領導者以實際行動時時活出「自我覺察」，如此經由身教的示現，他所傳達的訊息，所產出的力量，一定千萬倍於口述的大道理。

王陽明的《傳習錄》曾提到：「知者行之始，行者知之成」，知行原本是一體的，只是現代人習慣由「知」開始學習，並且不自覺將所學、所讀的「知」直接傳播出去，而忘了學習的本意乃是要將所知用於己身，唯有用於己，經過消化、體驗、吸收後，有了真正的了解和體悟，此時再將所得的「知」傳播出去，才是真知，也才能產生真正的影響。

如果我們是樂於上網海搜一大堆資料，也習慣由書中抄一段文字，或直接移植他人所言，快速拼湊成自己發表、講述的內容，而忘了真正靜下來理解、消化，也未曾實際運用、驗證，那麼當我發現自己正是如此時，也正是開始有了自覺，如果我

發現這樣並非自己真正要的樣子，那麼，請在此刻停下來，回到自己，問問自己：「我真正要的自己是什麼樣子？我可以如何開始？」一旦做了決定，採取實際行動，心慢慢會打開，人漸漸定下來，奇妙的自覺成長之旅就啟動了！

註：領導大師葛史密斯在《最好的主管，最好的導師》中提到：雖然在語言上我們常說要給人勇氣，可是，勇氣是個無法贈予的特質，勇氣一直存在徒弟的心中，只等著被喚醒。

記錄生活，書寫人生
──活在自覺中

在與「對話」有關的課程中，常會問學員：

「寫過日記嗎？」大多數人都會舉手。

「還持續寫的請繼續舉手！」結果大多數學員會將手放下。

「怎麼不寫了？」

「不知道寫什麼！」「寫不下去！」「都是流水帳，很無聊！」「每天寫，好累喔！」「要花很多時間，有時一忙，就算了！」

親愛的朋友，你也有如此類似的經驗嗎？

的確，現代人好忙！高度發展的科技讓人做事更有效率，但是，省下的時間卻填入更多事情，如：處理 E-mail、瀏覽與回應 Facebook、Line 一下，或者與好友玩線上遊戲⋯⋯，似乎溝通工具變多，速度變快，與人互動更頻繁了！

然而，就在注意力都聚焦外界及他人時，卻不自覺與自己愈來愈疏遠，面對空乏疏離的內在，只習慣性地找更多事來做，以轉移內心的不安，逃離內在真我的呼喊。

如果你想要每天都能有一點時間與自己相處，專注地與自己對話，好好擁抱自己，疼惜上天賜予的每一個日子，請認真

地問自己：「每天可以給自己十五分鐘嗎？」

　　這十五分鐘也許是睡前，也許是清晨、午休前，也可以在捷運、公車上，或等人的空檔，甚至是挪出一點掛在網上或滑動手機螢幕的時間，運用幾個簡單的步驟進行真誠的自我對話，並即刻將所思、所感隨手記下：

　　首先閉上眼睛，回想一天經歷的事情、經驗，遇到的人、聽到的話、接收到的訊息、曾經產生的感受、心情的變化等，這其中有什麼是讓我特別有感覺或印象深刻的？

　　接著停下來看看、想想：這個特別的感覺或深刻的印象是怎麼來的？它代表了什麼？與我有什麼關係？我由其中發現了什麼？

　　最後問問自己：經由這一連串的對話、探討，我由當中有什麼體會，發現什麼價值，或者對自己有何提醒？

　　以上這幾個簡單的步驟即是由「發生」到「發現」以產生「發展」的過程架構。

　　「發生」指的是每天已客觀存在於我們周遭的人、事、物及產生的相關經驗，可能是與某人的一通電話、看到某則新聞、被老闆誇獎、上課聽到的一句話、與維修網路人員的一段對話、

讀到雜誌或書中的一段文字、搭車見到司機的某個行為、孩子的溫馨擁抱、鄰居無厘頭的白眼、餐廳同時湧進數桌客人的慌亂等。

「**發現**」包含：對這些「發生」引發的感受是什麼？特別有印象的又是什麼？選擇其中一個特別的感受（正面或負面皆可）或深刻的印象，去探索其背後是什麼引發我有此特別反應？亦即進一步詮釋其對我的意義或更深的看見。

「**發展**」則是由這些「發現」的內涵中去深探背後有什麼重要或更深的道理，有時會湧現出一、兩句接近真理的話語，這是一個沉澱、深度對話的階段，也是淨化心靈的契機，更是滋潤心田、提升生命素質的精進策略。

這個過程架構是源於「**四層次討論法**」的思考步序：「**發生**」是「**客觀層次**」，「**發現**」是「**映照**」與「**詮釋**」層次，「**發展**」則是「**深探層次**」。

另就「時間序列」來看：「**發生**」是由「過去」中找資料，是「回顧」的階段；「**發現**」則是「現在」對過去的「感與思」，是「當下」的覺知；而「**發展**」則是以當下為基礎前瞻「未來」，提供養分與亮光，做為

生命前行的基礎與方向；因此，它是藉由有意識地貫穿昨日、今日與明日的四度空間的對話功夫。

　　每天只要一張 A5 大小的活頁紙，以此架構書寫一項特別有感或印象的人、事、物，大約二百字到三百字即可完成，如此，內容不會過多，也不會是平淡的流水帳，而是每天都在更新地耕耘心田。

　　生活的點滴連串成生命的軌跡，拼湊出人生的樣貌，每天給自己十五分鐘，讓外在世界與內在的自己經由對話與書寫，在持續自覺中建立和好的自我關照，開展和諧的人我關係！

學習翻轉生命

04 傾聽，無形的影響力

　　每當聽到朋友抱怨：「主管沒長耳朵！」、「每次開會老闆一開口就很難停下來！」甚至質疑：「是不是一旦當上領導者就忘了要傾聽？」我的心就一驚，趕快自問：「身為老師，在課堂上是不是也一味只想告知，未能察覺學生當下的狀態，也忘了停下來聽聽學生的聲音？」、「當我和孩子溝通時，會不會不經意地一直說教，而沒有去了解孩子的心聲或想法？」

　　「『傾聽』重不重要？」

　　「當然重要！」相信大家都會這麼說。

　　「既然知道，怎麼做出來卻差這麼遠呢？」

　　人是主觀的存在者，有強烈「被知」的需求，一旦逮到機會，往往不自覺地就會自我表達，表面上是要將所知與人分享，背後可能有個假設：你們有所不知，所以我需要讓你們明白，此時內在的心理狀態是：我比你們懂，比你們厲害！尤其是身為主管、老師或父母，往往是處在上對下、高對低的心理地位進行說教，而當下更深的需求卻可能是：「我的存在價值你們看到了嗎？」

　　當我們只活在「想被知道」的狀態時，自然會忽略對方的狀態，因為當時最在乎的是「自己」，最重要的是：「我說的

你聽到了嗎？你聽懂了嗎？」「我是為你好，你知道嗎？」「我的苦口婆心，你明白嗎？接收到我的心意了嗎？」

　　人在此時更是察覺不到對方也是「人」，也和我一樣有「被知」的需要，他也有話要說，有許多感受、經驗或想法要分享；尤其身為老闆、主管、老師或父母，往往握有較多的發言權，如何善用而不濫用，是需要刻意自我提醒的。

　　記得我的老師陳怡安博士在為領導者開設的課程中，一再提醒在座身居組織要職的領導者時時要修練的基本功就是：打開心耳，好好傾聽！

　　的確，藉由「洗耳恭聽」才能廣收資訊、了解同仁、建立信任、凝聚共識；反之，一位只想說不想聽的領導者，只能得到表面的順從與假象的和諧，大家真正的心聲只好在檯面下流傳，一旦聽不到或聽不進同仁真實的聲音，彼此的距離將漸漸疏遠，也就容易在孤立中陷入偏執的決策，種下危機的種子。

　　另一種常聽到對領導者的抱怨是「言行不一」，如：「老闆經常提醒我們開會要有效率，發言需把握重點，要勇敢說真話，可是他自己發言常常超過會議程序預定的時間，同時說了半天也聽不懂他要表達的重點。」

「當下你們有什麼反應？」我好奇地問。

「大家只能無奈地坐著，等時間過去。」

「當時心裡面有什麼話想說？」

「其實有想提醒他講重點就好，可是，誰敢？他是老闆耶！」

這是人面對「角色」所連帶產生的「權力」與「地位」的正常反應。

「說真話」是一種冒險，具有未知的風險，人基於自我保護的本能，「沉默不語」成了最保險的策略，而在團體裡這是一種隱形的動力，會瞬間感染了他人；在這同時，人也期待有成員會「揭竿起義」，說出真話，就在人人抱持「我不說，你先說」的心態下，會議自然形成掌握權力者的「一言堂」。

領導者若了解這樣的人性動力，就知道自己的一言一行不只同仁看在眼裡，人人心知肚明，也時時影響彼此的行為反應與整體關係的進展，因此，領導者不只要能傾聽同仁，也要傾聽自己當下的狀態，清楚察覺現在所做是否符合自己所說，是否符合對他人的要求，才有機會將負面動力轉化為積極正向的發展。

不論是要真心傾聽或當下察覺，都要有一顆真正「在乎」的心：在乎對方的存在對我是重要的，在乎時時精進是提升自我生命品質的功課；同時，還要能讓自己試著心無罣礙，將既有的觀點、成見暫放一旁，以「放空」的心如實接納對方的表達，如鏡照般看見自己真實的狀態。

　　「領導」的本質是一種「影響」的過程，不論你在影響組織同仁、課堂學生、團體成員或家裡的親人，你都是在進行「領導」的工作，因此，身為「領導者」的你，請時時提醒自己：先聽再說，多聽少說，常以自己所言為自身所行之鏡！

05 打開心耳，有效聆聽

　　這些年和許多從事助人工作的團體或機構接觸，其主事者或參與直接服務者都非常熱心與熱情，為了對方能早日脫離困境，在協助過程往往急著告知該如何改善或提供經濟援助，卻也在對方持續消極回應或要求更多資源中感到失望，甚至心生挫敗、無望，而決定退出協助行列。

　　有一次在某機構的志工團體督導中，我請教他們在過往協助過程中，曾否出現「先入為主」、「好為人師」、「自以為是」等狀態？大家不約而同笑了出來，並點頭承認。

　　經由大家討論這三種心態或表現，會對助人關係產生什麼影響後發現：

　　會「先入為主」，往往來自之前的接觸經驗，亦即以過往的了解或認知先在內心做了判斷。於是，在和對方實際互動時，就會刻意去印證自己先前的想法，而無法完整地了解和接受眼前的這個人和他要表達的本意，由於處在一種刻意「過濾的聽」狀態，自然出現偏見而不自知，就像對方曾經失約或遲到，就認為他不是一位守信的人，於是，在和他交談時，就會以質疑的角度去論斷他的言行。

　　而「好為人師」，更是助人者最常出現的「熱心過頭」的

現象，會急著建議或教導對方要如何做或如何想才是對的，由於當下的一頭熱，以致看不到對方實際的處境，例如：聽到對方說：「上課之餘要打工，為了考證照，還要去補習，都沒有時間休息，感到壓力好大，覺得好累……」，就回應說：「要將吃苦當作吃補，趁年輕多多磨練，這些都是將來成功的本錢……」；這些道理都對，只是對方此刻可能承受不起，而當我們開始說教，提供建議時，似乎意味著對方不懂或不知，不自覺地採用上對下的關係互動，反而造成對方的壓力。

「自以為是」出現時，即是以自己的標準來認定，簡單地說即是：自己認為好的，也一定適用於對方，而不會用開放的心去了解對方真實的想法與處境；例如：對方申請經濟補助，卻在市中心租屋，房租較高，因此，去家訪時，就直接告知應該搬到租金比較便宜的地區，以減輕經濟負擔，這種「主觀認定」，可能忽略了對方因工作、孩子就學等因素的需要，讓彼此的互動找不到交集。

助人工作的本意是在了解對方的基礎上進行適當的回應，而「聆聽」是其中最核心的基礎，前述三種狀態就是影響「有效聆聽」的大殺手，畢竟我們也不喜歡被如此對待，因此，如

果你是從事助人工作的一份子，不論身為主管、工作者或志工，經常反思自己與人互動的實況，時時提醒自己將「心耳」打開，將可回歸當初投入的初心，也能提升互動的品質，在利人利己中，將善心化為善果！

06　在心念中成就

　　隨著年歲漸長，經歷的人與事愈多，愈來愈發現自己的智慧不足，能力有限，能做的事不多，能產生的影響更是稀少。

　　回想年少時，總認為自己能力很強，以為可以改變諸多人與事，一路走來，才發現唯一可為的是「紀律自修」和「踏實踐行」，有時，甚至連這個「唯一」，也常常在滑落中掙扎；因此，如同當有人問我：「你有多年的教學經驗，如何才能盡快成為一位優質講師」時，我一時為之語塞，不知如何回答。

　　因為在這些年的教與學中，接觸了各種不同的「講師」，有滿腹經綸，可以滔滔不絕者，有溫文儒雅，娓娓道來，如沐春風者，也有照本宣科，自我陶醉者，或是道具十足，賣力演出者，甚至一開口就知道是囫圇吞棗，抄錄一堆資料，自己也不知所云者；每一種風格，對我而言，都有學習與借鏡之處，我當然期待每次都能遇到飽讀詩書，貫通古今，已經內化成自己系統且知行合一，具有儒者之風的「人師」。只是，經驗愈多，愈清楚將期待放在他人身上，是不切實際，且是失望的來源，因此，與其想要遇到「好」老師，或者當有機會上台當「講師」，而希望能對學生產生大影響時，不如回歸嚴肅地自問：「我對要講述的內容真正了解、消化到什麼程度」、「我相信我將

要傳講的內容嗎？」、「我要分享的理念或方法我實際如是做了嗎？」、「我上台是為了展現自己的存在價值或是為了成就學員的需要」等等。

我知道生命的無價是源自他是有限的，更是一去不復返，因此，擔任講師和學員最大的不同是：學員只要顧好自己，而講師卻還要為學員負責，甚至是為自己和學員們的「生命」負責，想到這裡，我就全身發抖，想著這麼一件有著「聖職」般的「志業」，豈可自我放大，隨興、率性，甚至隨意而為？

在通往有所成就的路上，沒有一條是簡單的捷徑，尤其是教育之路，更是發現潛在，發展生命的神聖之道，只有在同一領域持續深耕五到十年以上，同時，不斷於做中學，將所知整理成自己的系統，並經常修正，才能略知自己在專業知能的刻度，至於相關涵養的深廣，更是止於至善的境界，每日用功是他唯一的法門。

生命是最豐富的學習源頭，自己則是最真實的老師，萬法在心，「心」則在自身的每一「念」，能成為怎麼樣的「講師」，自己的那一念就已經有答案了！

07 單純的一念

　　某基金會為了支持某機構新成立的癌症中心為癌友及家屬的服務，想要讓癌友暨家屬在附設的休憩空間能經由閱讀安定焦燥的心情，滋養幾近乾涸的心靈，決定捐贈一些相關書籍。

　　我陪同基金會執行長拜訪某出版社，社長聽完我們購書的目的後，詢問需要的數量，我們表示打算購買一百本，社長回說：「太少了，至少兩百本」，我們正有些遲疑時，他似乎讀出我們內在的擔心，當下表示：「這是好事，我用定價一折支持，如果總價超出你們的預算，就支付預算金額即可！」

　　我知道出版業在台灣很難經營，好不容易有個百本商機，就算打六折也是合理，而這位社長怎麼能不考慮送到眼前的收益，卻如此乾脆地當機立斷？

　　我相信他看見的不只是「價錢」，更掌握到其背後的「價值」！

　　人常處在理想與現實的拉扯過程，而為了眼前可以好過一些，往往會向現實靠攏，一開始，也許因偏離理想而心有不安，漸漸地，經由自我催眠，也就習慣於自己的合理化，而將理想寄望於不可知的未來。

　　一位決策者，往往握有分配資源的絕對權力，如同這位社

長，他如何安排可以運用的資源，即是反映其內在真正重視的價值。尤其他能毫不猶豫地當下做出決策，我相信不是一時性起的衝動式決定，而是掌握了事相背後的本質，他只是直接回應他真正相信的價值。

這又如何能做到呢？

我們常會東想西想，甚至優柔寡斷，除了想求事事兼顧、面面俱到，會不會也代表其實並不清楚自己真正在乎的是什麼？而就算有些清楚，也可能不敢真實面對那個「在乎」，甚至為它負責！

人心苦不足，當想多要一些的念頭升起時，心湖就起漣漪，心就混濁，自然看不清心的真相，也掌握不到核心的訊息。

我相信這位社長在每天處理繁複的社務時，必定也有諸多煩憂，而他可能也藉由上天賜予的機緣，經常自我對話，一次又一次地釐清與確認自己的信念，並作為判斷和抉擇的依據。

記得當天聊到某位作者因擔心銷路問題而不願出版其著作時，社長斬釘截鐵地告訴對方：我知道銷售是個考量，而我現在更重要的是要出版有價值的書。

好個鏗鏘有力的回應！

的確，唯有回歸自心，沉澱與提煉出自己真正相信的價值，那必然是單純地、清晰地「一念」，依此而做出相應的反應，不只明快自在，更是充滿智慧的喜悅！

08 志工的修為

　　大一暑假前，同學邀約到兒童夏令營服務，「因為很需要男生幫忙！」他說。於是，開啟了我加入志工的行列；幾年後，我當了兒童福利機構的職工，主要工作之一就是帶領一大群志工到社區、夏令營、動物園服務，一段時間後，發現自己已經習慣站在職工和機構的立場帶領志工，對於被帶領的滋味似乎漸漸淡忘，我擔心會影響我帶領志工的品質，讓我和志工們無法維持適當的關係。於是，我利用公餘時間加入天主教美滿家庭中心擔任「自然調節生育（Natural Family Planning，簡稱NFP）」的推廣志工以及《張老師月刊》義務編輯，在其中不只享受服務過程諸多樂趣，學習不同的專業，也親身體會不同屬性機構對志工的期待與經營特色，這些經驗及時滋養了我的志工帶領工作，更讓我深刻了解志願服務的精神、內涵與營運的奧妙。

　　參加志願服務，每個人都有自己的動機或期待，有人是單純的想服務他人，有人則是有空閒時間想找點自己可以做又不會太累或不用負太多責任的事做，有人可能是被培訓課程吸引，甚至有人是看上機構對志工的優厚福利，或者想沾沾機構的名氣以增顯自己的價值等等。

雖然動機無所謂好壞、對錯，但由實務面來看，不同的動機卻直接影響服務的參與和表現，同時，每個機構會邀約志工參與服務，都有它的期待，因此，如果自己的動機與機構的期待或要求差異太大，服務的開始往往也是衝突的起點，以致無法回歸志願服務的本質和精神，這對雙方和志願服務的本意都是非常可惜的；因此，志願服務者的首要修為是：「量力而決，盡力而為」，這是指志願服務是自主的決定，要先清楚衡量自己的意願、時間、能力、期待與機構的性質、要求，是否具有一致性，需要配合的程度可以接受嗎？一旦做了決定，就要盡心盡力參與服務，持續學習，接受督導與遵守規範，雖說志願服務可以說走就走，不受一般職場僱傭關係的約束，但是，正因為它是自己發願而為，因此，確實踐行志願服務倫理，更能彰顯為自己、為他人負責的生命真義！

心理分析學家佛洛姆（Erich Fromm）在其經典著作《愛的藝術》中認為：「愛」是一種行動，是實行人類的力量；「服務」也是如此，它在提供、付出的過程中，自然會帶給他人一些影響，而社會是一體的，是相互聯結的，這些影響也會反饋到自己身上，人的善性會讓自己受益的「好」傳播出去，產生

一種善的循環，因此，志願服務的本質是一種「利益眾生，自得其利」的修為。

　　志願服務的美就在於它的單純，不為名，也不為利，不用比較，也不需計較，就是單純的做我可以做、我該做的而已，每次服務完，所有成果就交給老天，所有功勞都交給歷史，不須爭功，不必彰顯自己的了不起，如同老子提示的「為而不恃，功成弗居；夫惟弗居，是以不去」，只求盡了我的本分，至於別人給我什麼讚賞，機構提供哪些獎勵、福利、學習機會，都是額外的，都不是參與服務的目的，佛洛姆說：「愛的根本在給與，而不在接受；由心理的觀點來看……任何人能把他有的貢獻出來，他就是富翁」，可見參與志願服務就是要在以「利得」（acquisitiveness）掛帥的今日，享受「單純貢獻，不計回報」的寧靜。

　　參與志願服務實務多年，看到許多人因清楚所為何來，而能樂在其中增添生活樂趣，擴展人生視野，轉化生命素質；同時，也遇到過一些志工，不清楚自己所為何事，會不經意製造與人比較、競爭的困境，甚至和機構斤斤計較服務時數、餐點口味、服務規章細節，或強力爭取在職教育安排、個人福利等

行政事宜，讓自己服務不甘心，活得不快樂，也無法於服務過程有所學習和成長。

　　也許，你我若能經常回歸服務的核心價值，以利他為本，單純貢獻，問心無愧，就能在服務的過程，深刻覺知志願服務是在成就「以生命滋養生命，以生命影響生命」的教育大業。

09 迎向生命成長之路

在某宗教團體的訓練課程中，談到小組帶領人的個性、行事風格對團體動力的影響，我提到自己原本是很嚴肅且要求完美的人，所以，早期我在機構帶領志工時，他們都很怕我，還記得有一次在兒童夏令營的哥哥姐姐訓練營（在兒童夏令營中，小朋友對小隊輔都稱哥哥姐姐，因此，平時彼此也都如此稱呼。）我經過浴室走廊時，聽到浴室裡面有兩位大哥哥在對話：「這次集訓的工作人員，你最怕誰？」「當然是方哥囉！」「對，我也是，他不笑時滿可怕的！」頓時，我的心「砰砰砰」跳得好快，這是第一次聽到對我如此直接的回應，於是，暗下決定要「常常微笑」；之後幾天，我都刻意提醒自己要面帶微笑，結果，在夏令營集訓結束前，我又聽到：「方哥在我們面前都笑笑的，他會不會笑得很累，然後一轉身就不笑了？」我聽了心裡嘀咕著：「到底怎麼了，笑也不對，不笑也不是？」；到了離營前的留言時間，好幾位哥姐都有志一同寫下：「難忘你職業性的笑容」。

剛看到卡片上的文字時，感到很突兀，也有些難過，繼之一想，這代表我的笑容有被看見，只是還不自然。

結訓回家後反思自省，心裡湧現喜悅的聲音：很感謝他們

如此真誠地回饋，讓我有機會照見自己，也讓我清楚知道，人都喜歡親和的關係，對「事情」可以「正經」，但是，對待「人」的態度不一定要那麼「嚴肅」，而真正發自內心的微笑才會自然，尤其從事與人相關的服務工作，「人」和「關係」才是基礎核心！

回首當時在夏令營時，身為「營督導」的我，並不是要和哥姐們建立「怕我」的關係，可是，由於自己的無知，卻創造了「距離」，以致彼此產生「疏離」的關係，還好老天派了好多天使，適時適地傳達了重要的訊息，讓我親耳聽到，讓我直接看到。

也許這就是上天的悲憫，祂知道你的弱處，就會出功課讓你有精進的機會，就像原本保守的我，卻在學生時代認識了一群充滿創意、喜歡挑戰的社團夥伴，共同開辦了許多頗具開創性，甚至是挑戰當時戒嚴體制的活動；畢業之後，接續的工作都是與人相關的服務的工作，尤其經常要和陌生群體接觸、交流，這對生性內向，不擅與人互動的我，又是巨大的挑戰，工作過程中，逼著學會持續與自己深度對話，釐清面對陌生人群的壓力來源，慢慢學會如何卸下角色，回歸以「人」相待的自在；

而上天似乎知道我的功課不只如此，更安排許多在公眾面前表達的機會，讓習於沉默寡言的我，需要經常自我暴露於眾人之前，公開分享所知與所感，而也在一路跌跌撞撞中，才約略體會理知的學問如何與真實的經驗和感受融合，產生具有生命內涵的表達。

　　每個生命的存在都有其影響力，若能真實了解自己現況，願意迎向上天安排的成長之路，生命本具的潛在，必能豐富地開展，貢獻他人，成就彼此！

10　讓「對話」成為日常

　　我們每天都會和他人有許多互動,過程中到底是要對方「聽話」多,還是「對話」多?是意圖要「告知」對方一些你認為重要的內容,還是真正想多「了解」對方此刻的狀態和想法?

　　到某個機構和擔任家庭訪視的志工們交流,和他們聊到與案家互動時的酸甜苦辣,發現他們的挫折或失落,往往來自帶了許多期待和想法進入彼此的互動,於是,當對方出現非期待中的反應或不接受自己的想法時,就會產生負面情緒,同時,也會開始批判對方,譬如:不知惜福,不懂得量入為出,有能力卻不去工作等;一旦進入如此的思維模式,就會想要糾正對方,開始開講一堆大道理,此時,自己宛如社會主流價值的維護者、教育者,潛意識裡似乎認為要把握當下「機會教育」的契機,而看不到自己在打開嘴巴的同時,耳朵已經關閉,心門自動封閉,瞬間進入以自己為中心的「忘我」境界,不只看不清對方當時的反應,也沒有耐心去了解對方真實的處境。

　　過程中,我試著引導他們去回看當時自己內在的狀態,去聽聽內心有那些聲音出現,陸續有成員發現自己存在某些假設,如:既然收入不好,就應該要租便宜的房子;手腳好好的卻不去工作,一定是生性懶惰……;有的則看到自己的價值觀在主

導自己的論斷，如：三餐都有困難，還讓孩子去學才藝；自己不去兼差，還要孩子去打工，影響課業等。

談著談著，突然有位成員若有所悟地說：「我發現我的心『硬掉了』，沒有感覺，觸摸不到對方的心，對方一定覺得我們沒有溫度，很冷漠無情！」立即有人呼應：「對！對！我也覺得這項工作做久了，好像變成例行公事，尤其我們接觸過的案例那麼多，一聽對方說些內容，就會快速歸類，下判斷。」另一位則說：「我也發現自己愈來愈沒有耐性去傾聽、去了解對方，常認為他會避重就輕，甚至編造故事，想要多得到一些補助。」接著有人補充道：「當我在告訴他應該要怎麼做時，似乎認為對方是無知的，我好像是權威在指導他，現在回想起來，真是好笑，也很可笑，真正無知的可能是自己吧，對他一無所知，還自以為是！」

看著他們由原本低落負面的情緒，似乎找到了一線曙光，看到希望，其中轉化的關鍵就是開始有了「自覺」，這真是天大的好消息！

而真正要有「自覺」，卻是好說不易做到的硬功夫。

我發現這是一個有能力反思，願意真誠自我對話的團體，

而在團體中可以自在坦露自己的弱，也代表彼此有足夠的信任，而我所做的，只不過經由催化，協助他們看見以往忽略的盲點，點亮視而不見的「眼光」，一旦找回自我對話的「自覺力」，相信經由日積月累，他們和人互動時能真實對話，是再也日常不過了！

11 什麼是重要的事

　　面對一些邀約，如：撰稿、演講、上課、參與會議、擔任評委，甚至是擔任管理職務等，似乎可以做的事情好多，因此常要自問：「要不要答應？」就在思量中，一個聲音出現：「你又要再度陷入行程滿檔的忙碌生活嗎？」

　　是啊，多年前前就是忙得天昏地暗，終於引起身體嚴重抗議，大病一場，休養中某一天與好友們相聚，聊著聊著突然有人問我：「你經歷了人生這麼大的事件，一定有所體會，不知道對你的人生有什麼啟示，譬如：往後的日子最想要做什麼？會和過去的生活有何不同？」

　　哇，真是大哉問！

　　記得當下我愣住了，只能老實地回說：「不知道耶，沒想過！」

　　他們回去後，我開始沉思這個好問題：的確，人生很短，體力、精力有限，不可能什麼都想抓、都要做，既然身體已經直接示警了，是該好好想想未來的人生要怎麼過了。

　　有一天，「做重要的事！」這幾個字突然自內心湧現。

　　「對啊，就做重要的事！」心裡似乎有個聲音立即給予正面回應。

接著幾天，另一個聲音持續出現：「什麼是重要的事？」、「如何判斷重要與否？」

　　是啊，當外在邀約出現時，重不重要指的是什麼？又要根據什麼做決定？

　　嗯，也許可以問：「是對自己或他人重要？」、「做與不做有什麼差別？」、「我不做有別人可以做嗎？」、「別人可以做得比我好嗎？」、「對方真的很在乎邀我做的這件事嗎？」、「對方真的需要做這件事嗎，或者只是執行年度例行計畫而已？」、「做了會對他人產生什麼影響？會產生什麼貢獻或價值？」、「這件事合乎我的終極關懷嗎？」

　　人生就是一連串選擇的過程，也是無數選擇結果相互聯結的具體呈現，可以說「人生無時不抉擇」，但看有無覺知而已！小到生活的點滴，如：早餐、中餐要吃什麼？接下來要選什麼進修課？讀哪本書？或在家庭生活中，只要孩子快樂就好，還是為了他好，需要要求、甚至勉強他學習才藝？而有時則是上天會逼迫我們好好正視此刻最重要的是什麼：一位朋友患了重病，動了個很大的手術，面對是要請長假還是乾脆辦理退休的抉擇，由於關係到退休金的多寡，有些掙扎，幾經思量，決定

要「命」第一，健康為重，謙卑地順從上天的提醒，畢竟「就算賺得了全世界，卻失去了健康，又有什麼意義呢？」[註]這樣的決定看似理所當然，事實上是需要清明智慧與十足的勇氣。

人如果知道什麼是重要的，就如是而為，只是現實卻有許多誘惑，讓自己難以順己所知而行，因此，每當掙扎出現，都是再次考驗，讓自己有機會重新檢視真正在乎、看重的是什麼！

問題是許多時候日子就這樣過了，並不清楚什麼是重要的，無從據以判斷，如果你正屬於這樣的處境，也許可以反過來思考，反問自己：「我可以不要什麼？什麼是不重要的？」一樣一樣消去，亦即運用祛除法讓「重要」逐漸浮現。

有時則是以為自己知道什麼是重要的，卻在枝微末節打轉，將自己困住，就像有位法師提到：當他在佛學院服務時，有位剛入學的學僧很生氣地質問他說：「我來佛學院學佛，為什麼還要被規定牙刷怎麼放？花時間在這種小事上，真是浪費生命。」他問這位學僧：「你來佛學院想學什麼？」，學僧理直氣壯地答：「我來學『了生死』啊！」，他淡定地回道：「看起來你連一支牙刷這種小事都擺不平，要如何能『了生死』呢？」

是啊，會不會我們被困住的其實都是小事，而忘了真正重要的大事是什麼？

　　每日忙碌如你我者，如果重要的事只有一件，那是什麼？

註：此句參考《馬太福音》（16：26）：「人若賺得全世界，卻賠上自己的生命／靈魂，為他有什麼益處呢？人還能拿什麼做為自己生命／靈魂的代價？」

12 緣起緣滅，盡心盡力

　　多年前生病住院期間，來病房探訪的好友們最常問我的問題是：你經歷了這場大病，對人生有什麼新的體會或看見？對你之後的人生會有什麼影響？有的甚至更直接地問道：你有發現什麼是最重要的事嗎？出院恢復健康後，你會怎麼過你的後半生？

　　這樣的「大哉問」，其背後似乎有個假設：人在面臨生死大關或未知的未來，應該會產生具有人生哲學味的思維內涵，應該會對人生重新思考，找到最具價值的核心……。

　　記得當時在聽他們的提問時，我不以為意，認為只是大家找些話題聊聊，也就哈拉過去了，同時，自己當時的心態是：好不容易可以完全休息，不須煩惱備課、講課等事宜，所以，「我是來休長假的」；沒想到幾次夜深人靜，這些問題陸續浮現，遍尋心中和腦海，並沒有明確的答案出現。

　　這幾個沒有答案的問題就跟著我出院，在靜養復原期間，有些問題偶爾也會跑出來，幾次後，我告訴自己：它們顯然是有意義的，認真想想吧！

　　當我決定將之當一回事，認真去思考時，卻發現並不是想想就能找到答案，一段時間後，我再告訴自己：就將之擱在心

裡，不用太刻意，當它成熟時，可能就會自然冒出來。

　　果然有一天，一些聲音跑上來：你這一輩子受教於許多人，也由其中受益很多，諸如：四十年多前於快樂兒童中心受到鄧佩瑜主任調教、於華明心理輔導中心受到任兆璋修女有關「專業輔導人員」的教導、在社會團體工作方面得到友緣基金會廖清碧執行長啟蒙，而在人文領域和意象教育（Imaginal Education）的相關知能、修為，更是受教於陳怡安博士近四十年的薰陶……；過程中，也有好多貴人提供操練的舞台，如：洪建全基金會簡靜惠董事長、輔大社工系前系主任許臨高教授、研究所工業社會工作實習的機構督導，以及諸多邀我擔任督導、教學的機構、企業等，這些超過大半輩子的學習和體驗心得，不就是可以貢獻給社會的最好資產嗎？

　　過了一陣子，突然一句話出現了：「和有緣人分享我的所知和所能。」對，這就是我人生最後階段要做的要事！

　　接著，我問自己：「怎麼會用『有緣人』呢？」我想是和我的個性和經驗有關，我不喜歡被勉強，也自然儘量不會勉強別人，而人與人的相遇和互動，是很神妙的，我曾經試過幾次刻意的聯結，「緣」總是很快就散了，可見若是因緣成熟，老

天自然會創造彼此交會和聯結的機緣，也因此，「隨順因緣」才是自然之道吧！

　　這幾年，依著這句話，「緣」來了，就迎接，緣變了、滅了，就放手，只求結緣過程自己能盡心、盡力，我想已經足夠了！

13 心的空間

中風一陣子的老友，心情很低落，幾位好友決定一起去探訪。

聊談中，有人表示：「你退休後，享受了好多年悠閒的生活，已經去過好多國家旅遊，吃遍各種美食，也登過好幾座高山，沒什麼遺憾了，現在就是安心把身體顧好，不要想那麼多！」有人則鼓勵他要認真復健，才會恢復得快一些……。

聽了大家眾多表述後，他面帶些微愁苦地說：「我覺得自己沒什麼用，起床、走路、上廁所等等日常事宜，都需要別人幫忙，這樣帶給大家的只有負擔，增加好多麻煩！」一說完，馬上有人回道：「你有沒有發現你很幸福，有這麼多人在身邊照顧你！」

大家又你一言我一語地想改變他的想法，他聽了一陣子後幽幽地回說：「之前有好多朋友來看我，只有一位說的我聽得進去！」

瞬時大家靜了下來，有人問道：「他說了什麼？」

「是一位曾經比我嚴重的朋友，他聽了我的狀況後，回應說：『身體那麼不舒服，哪有力氣和心情去做那些困難的復建功課……』，我聽了覺得他很了解我，我也感受到他的支持！」

原來我們以為多講一些正向積極的話，是在給他力量，而對他來說，這些話只是一大堆「道理」，他並非不知道，只是此刻的他就是做不到，大家的關心話語，說不定反而增加他的壓力，甚至強化他做不到的「自責感」。

　　他的回應對在場的每個人都是當頭棒喝：當事不關己，或未曾體驗過時，往往會以旁觀者的立場，說出一些冷漠無情的「應該」，背後似乎要告訴對方：「你目前這樣做是不對的，如果是我，我就會如何如何！」

　　這讓我想起近日幫忙做一份演講逐字稿的校對，原本認為只要邊聽邊校，應該短期就可以完成，所以，很爽快地答應；開始進行後，很快發現沒有想像中那麼容易，因為該演講內容不只夾雜英文，還有許多講者自己的特殊用語，因此，要多次重複地聽，才能確定原本逐字稿內容有哪些需要修訂，結果專心校閱了八分多鐘，抬頭一看，已過了將近兩小時。

　　回想之前看過類似的演講影片，主辦單位很貼心地打上字幕，當時沒有什麼特別的感覺，觀看時甚至還會指出字幕的錯別字，認為工作人員不夠用心，如今，自己身歷其境，才深深體會個中滋味的艱辛，頓時對幕後投入的人力、心血與時間，

肅然起敬！

　　我們每天享受許多現成的東西，大概很少有機會停下來想想：一樣成品、一個成果，其背後有多少看不見的英雄，曾用他們的生命投入其中，才讓我們可以如此方便地享用；也如同前述那位中風的老友，他在復健過程中，一定也付出了無數的努力，咬緊牙根克服過程的疼痛與煎熬，才有如今些許的進步，而我們偶爾去探視，表達關心之意，又有什麼立場去期待對方「要更努力」、「要向前看」、「要珍惜曾經與目前擁有的」。

　　當然，如果我們能凡事都經歷過，自然較能有深刻體驗與切身回應，而處在事實上不可能的現實情境，至少可以在必要的當下，記得提醒自己：放下「視為當然」，將心靈挪出一些空間，去感受對方此刻的心情，去試著想像對方努力的投入，接著，衷心感恩一切的呈現！

14 在充滿愛的動力中精進

　　走出醫院大門，看見迎面而來一張略帶倦容卻熟識的臉孔，心裡暗自忖道：他怎麼了？趕緊趨前打了招呼，他抬起頭來，看到是我，露出了笑容，兩人就在路邊聊起近況，原來是有親人住院，他負責白天班的照顧，話題由親人的病情聊到他平日的生活，最後又談到「生病與健康」，他感慨地說：「生病是個課題，健康也是！生病讓人學到好多東西，也發現原來健康不是會一直存在的，要用心去經營、維護，這之間需要許多人和資源的支持、協助……能好好活著就很感謝了！」

　　的確，人常在失去後才驚覺原先擁有的是異常珍貴，這似乎提醒我們：平時我們所具有、擁有的一切，如：健康的身體、便捷的交通、溫馨的家園、美味的三餐、安穩的工作、天涯若彼鄰的手機，使性子時家人默默地承受，開心時與朋友共享歡樂，甚至每天平安出門、順利回家等等，似乎都理所當然，好像它們原本就已經存在，能為我所用是天經地義的，以致會在不自覺中少了珍惜的情分。

　　拜高科技及自由化之賜，現代人所享有的各種資源與便捷遠超出人類過往的歷史，然而，也因人與人的關係更密切，讓彼此的相互依存性也更高，這種現代人存在的樣貌隱含了一個

非常重要的訊息：你我皆非獨力生存，亦即我能活著是因許許多多我認識、不認識的人的付出，他們讓我在物質方面的吃、穿、住、行等隨手可得，在精神面則有眾多的學習機會和多元娛樂可以參與等，可見絕非一己之力，而是眾多因緣成就了我。

　　一旦了解自己與他人及外在環境的關係是如此密切，平時不自覺地活在自我中心的我們，只要願意每天心存以下「四念」，即能自覺地開啟與他人及外在環境充滿愛的積極關係。

　　第一念是「衷心感謝」。

　　感謝每天所有的「發生」，包含：經歷的各種事情、接觸的物件以及相遇的人等，可以由其中選擇一件事、物或某人，感謝它或他幫忙我，給我機會，或者讓我學到一些東西；譬如：謝謝餐廳的大姐將簡餐的飯與菜擺的很整齊，顏色也搭配得很恰當，讓我有更好的心情享用一頓健康的美食；過馬路時，一輛未遵守交通號誌的機車衝過來，差點撞到同行的朋友，我要謝謝這一事件，它再次提醒我：過馬路時，除了遵守交通規則還要注意左右路況，同時要感謝同行友人的身體狀況還滿好的，才能及時反應，安全閃避。

　　第二念是「誠心懺悔」。

人難免犯錯，更可能在無意間或不自覺中得罪他人，回顧這一天，對已知的「錯」要真心懺悔，對無知的錯也請求寬諒，這是一種謙虛的態度，也是敬畏生命的直接表現；譬如：某句話說太快了，讓對方有些下不了台；因貪睡十分鐘，以致遲到，害大家等我，真是抱歉；收據的金額少寫一個零，害得大家對帳對得很辛苦，實在對不起大家；打電話來諮詢的朋友，在掛電話時雖然有說謝謝我，但回想起來好像心情沒有比較好，雖然我已經盡力在傾聽與回應，顯然沒有真正幫助到他，對自己的不足，深感歉意。

　　第三念是「深度期許」。

　　「懺悔」是當下針對已經發生的錯誤或不足，由內心升起的一種真誠面對的意念，其目的並非交代了事，而是經由誠心的懺悔，期待自己可以重來，讓生命有更新的機會，因此，懺悔後要針對懺悔的內容給自己一些具體的積極作為，期許自己之後可以如何做會更好，避免再犯，或者至少可以將負面影響降低；如：期許自己「再怎麼忙也要提醒自己：動作可以快，但心不要急，要仔細將數字核對正確」；與人談話時，當有話要衝出來的剎那，要暫緩，做個深呼吸，聽他說完，確認了解

他的意思後，再做回應。

第四念是「喜悅應許」。

「深度期許」是對自己負責的起步，也是提升生命的契機，因此，抱著喜悅的心情告訴自己：我樂意允諾對自己的期許，並會盡力以實際行動回應自己的許諾。

每天心存此四念，由感謝已存在的人、事、物開始，進而以敬畏生命的心，謙卑地面對自己的不足，接著面向未來，負責任的許下諾言，並喜樂地納受，生命將在充滿愛己愛人的動力中持續精進！

15 不完美也是一種救贖

　　一位癌症專科醫生，我們並不會因為他自己得了癌症，而否定他拯救了無數癌症病患的事實與他具有的高明醫術，然而，一位婚姻諮商專家，可能幫助了許多夫婦，當被知道他是失婚者時，卻可能引來質疑：「他自己都搞不定自己的婚姻，怎麼有能力幫助別人的婚姻？」如同在成長團體裡常聽到的一種說法：「沒有能力愛自己的人，怎麼能好好愛別人？所以，我們要先好好愛自己！」（我合理懷疑這是一種成長課程吸引顧客的行銷催眠話術）

　　在這個講求專業的時代，人都具有專業自我與真實自我，最理想的情況是這二者完全合一，而在現實世界此二者經常是有部分交集而已，甚至是分離的，但他在執行工作時也許一樣可以發揮其該有的功能。

　　人本來就很難面面俱到，然而，我們卻常期待他人要有合一的狀態，以致傳達了許多壓力去強迫對方，如果自己也買這樣的帳，用這樣完美的標準要求自己，會不會也就不自覺地掉入幻相中，開始對自己打起折扣來？

　　記得當代心理治療大師歐文・亞隆（Irvin D. Yalom）在《生命的禮物》（The Gift of Therapy：An open letter to a new generation of therapists and their patients）一書中曾提到：常常遇到病人奮力解決的人生課題，也正是困擾自己一輩子的問題，他懷疑自己是否有能力協助病人走得比他自己更遠；後來在臨床經驗中發現：病人往往有其潛力與勇氣，治療師只要協助病人移除其障礙，病人就會自然地成熟，甚至超越治療師，達到更高層次的整合；經由這樣的看見與反思，他釋放對自己不當的期待，接受自己的現況與限制，更如實地面對與真誠呈現自己，也因為如此充滿人味的互動關係而產生了更具療效的成果。

　　每個人都有其「能」與「不能」，不論對自己或他人，都不必用其「不能」去否定其「能」，不必用其「無」去忽略其「有」。根據歐文‧亞隆的敘述，歷史上許多有貢獻的哲學家，如尼采、叔本華、沙特等，對存在本質都有非常精闢的論述，但他們本身卻是活得非常痛苦與孤獨，又如榮格（Carl G. Jung）、蘭克（Otto Rank）等心理學家，都對人格論述、助人理論與實務有巨大貢獻，同時他們或有不佳的人際關係，或是成員間會有互相攻擊等不成熟行為出現，但這一切並不減損他們的貢獻，也不用強求他們要活出自己的理論才能被接受。

　　尼采曾說：「有些人無法掙脫自己的鎖鍊，卻能救贖他們的朋友。」就像我家附近一位耳鼻喉科醫生，他會提醒病人少

抽菸，但也常見到他利用空檔在診所外走廊抽菸，我並不會因此懷疑他對我的診斷與開出的藥方。一位很會帶球隊的教練在指導球員時，球員不會嗆他說：「你那麼懂，那你自己下場去打！」記得我孩子高職籃球校隊的教練個子不高，運球技術也不是很高明，但他點子多，很懂得這些球員的個性、特長，加上一股對籃球的熱情，不只球隊屢創佳績，也讓原本自認成就矮人一截的球員，在過程中活出自信，發現自己更多的可能。畢竟，教練的專長與專業是和單純球員有所不同，好教練不一定是傑出的選手，而當選金手套的選手也不一定就能適任棒球教練。

　　上天沒有賜給凡人無所不能的天賦，我相信是提醒我們要懂得謙卑，知道自己是有限的，也要在限制中看到自己的可能，珍惜自己所有，適當發揮影響力，當別人有需要，就可以善用我們的「有」與「能」盡力去回應，不須等愛夠了自己才去愛別人，「愛」會在行動中自然滋生；同時，也不強求他人做言行合一的完美聖人，只要對自己有幫助的話語或提醒，我們仍以感謝的心領受，畢竟，真正受益的是自己，真正能負責的是自己的生命！

16　中年婚姻的功課

　　家庭如同人，是個生命體，有開始，有結束，中間就是過程。

　　過程是動態的，有起有伏。家庭成員就在其中隨著時間的流動由幼而長，由夫妻而父母。隨著成員人數、關係與角色的變化，家庭核心的夫妻關係也在質與量之間相互激盪，進而勾繪出婚姻的多元面貌。

　　當家庭發展進入了空巢期，意味著原來的夫與妻與孩子的基本三角關係有了變化。若由系統觀點來看，原本的平衡關係將因成員的變動而失衡，因此，為了讓家庭系統可以繼續運作下去，處在空巢期的夫妻，將需要調整彼此的關係，以產生新的平衡狀態。

　　一旦夫妻間由三角關係轉為對偶關係時，最常見的現象就是摩擦增多了，似乎共處了二、三十年，並沒有因了解而更融合，反而會有漸行漸遠的貌合神離出現。

　　沒有人在結婚之初是希望婚姻以破滅收場，也沒有夫妻願意在孩子長大離家後，故意讓彼此在疏離中共同生活。

　　問題是：在中年危機中，「婚姻」卻是一項重要且影響深遠的危機。如果能做好準備或因應得宜，將可順利度過，而讓

老年生活奠下較堅實的基礎。

夫妻共同經營一個家庭，基本上還是男主外女主內，各司其職；但也因如此的角色功能與責任分擔，使得夫妻在互補中不自覺的走上不同的生活之路，尤其到了中年這樣的差異會更明顯化。

由這幾年帶領的中年女性、中年男性團體中，就發現彼此在中年階段關心的事有所不同，男性關注的前三項是：事業（工作經濟）、健康（家人與自己）與子女發展，而女性關心的是：自我成長、健康與子女。亦即男性仍以「事業、家庭」為主，而女性則偏重「自我追求」。當一方持續投入於拚經濟的外部領域時，另一方卻已開始經營自我需求的滿足，因此，彼此的交集將因孩子不在身邊而淡化，甚至失焦；一旦彼此的交集減少，兩人互動的內容與品質自然就受影響，萬一有些外在的誘因出現，這一推一拉作用之下，外遇又成了另一危機。

婚姻需要經營，空巢期的夫妻更需要攜手努力建設彼此的關係與生活圈。

最理想的狀態是：彼此經由共同的經驗，引發共通的話題或關懷，例如一起參與讀書會、社團活動、運動打球、偶爾看

場電影、逛夜市吃個宵夜，甚至從事志工服務；也就是將兩人的共同焦點由孩子身上轉移到其他事務上，讓生活不會在不斷重複中感到太單調。兩個人面對面也因有參與，引發不同刺激，而有新鮮的內容，於是，生活會豐富許多，步調、方向也不至於相差太遠，也為老年攜手相伴培養必要的情誼。

如果彼此因現實因素還在各忙各的，各自追求自認重要的目標，別忘了多撥一份心去關懷對方。關懷指的是去表達感謝對方為家庭的付出，肯定對方持續的努力，甚至體諒對方因身、心、時間的有限，無法陪伴另一方一起活動等等。

另外，則是培養分享的習慣。當對方興致勃勃的分享剛上過的一門課、聽過的一場演講，甚至是學了一些養生方法，或者工作上的酸甜八卦等等，分享者需要的是被接納、被肯定、被了解，而不是被建議、被指導，因此，好好當一個忠實的聽眾，以同感的理解適當回應就夠了。

有一種情況是：學了一些成長課程會很想讓另一半也得好處，於是，回家後不只分享，還在不自覺中用課程內容提到的原則或標準來衡量對方，甚至要求對方要改善，於是，引來的是對方的反感；因此，若有所學習，請記得由自身做起。真正

的學習，不是將所學用來要求他人，而是在自己身上先踐行，一旦自己轉變了，對方自然感受得到，屆時再做邀請，才能水到渠成。曾有一位中年退休男士參加我帶領的讀書會，他表示是太太幫他報名的；因為看到他太太這幾年參加讀書會和成長課程改變很多，他也開始心動，因此，這次被太太邀約，就想給自己機會試試看，果然滋味不錯！

人都需要被看重，不論是家庭主婦、職場女強人、退休人員，尤其是中年失業者，都需要另一半肯定其曾有的努力與現存的價值。中年是人生「秋收」的季節，如何收成關係著下一階段的「冬藏」內涵；同時處在空巢階段的夫妻也正面臨人生另一關鍵的轉折，轉不轉得好，靠的是夫妻彼此的互動、相處品質。

夫妻相處是種很微妙的藝術，若重講理、爭是非，往往是不歡而散，甚至懷怨在心，難以釋懷，就像有些老夫老妻如仇人般的惡言相向、刻薄相待，真是情何以堪，因此，到了中年更要了解：若要牽手相伴後半生，「彼此的感覺」往往才是關鍵；而「感覺」又經常是主觀、不易掌控的，因此，學習同感的了解，包容和自己的不同，尊重對方的個獨性，進而願意共創有交集

的學習圈或生活樂趣，正是中年婚姻的主要功課。

　　人生難得，夫妻有緣共處更不容易；若不能再有「你儂我儂」的濃情蜜意，也要努力經營「好聚好散」的善局！

17 父母自在，孩子健康

場景一：

「老師，我的孩子會偷錢，怎麼辦？」

「發生了什麼事？他缺錢用嗎？」

「應該不會吧！他只要有做家事，我就給他錢啊！」

「你的意思是：你沒有給他零用錢，而是有做事才有錢拿。」

「那就是零用錢啊！我要養成他勤勞的習慣。」

「一個月他大約可以拿到多少？」

「不一定，看他做多少啊，有時幾十塊，有時也可能一百多塊。」

「夠用嗎？」

「應該夠吧，平日吃穿家裡都供應，沒什麼需要花錢的，我還要他記帳，每天如果有花錢，回來要向我報告，如果要買三十塊以上的東西，一定要事先跟我說，同意了才可以買，避免他亂花錢，也可以訓練管理金錢的能力。」

場景二：

「現在的孩子真糟糕，連安排自己休閒時間的能力都沒

有！」

「你是說你的孩子不會安排假期生活？」

「對啊，就像這個暑假，我想給他一次機會自己安排，他就排睡覺、打球、打電動，都是玩，難得較長的假期應該利用時間加強較弱的課業，像數學、英文啦，另外也應該去多學一、兩樣才藝，將來推甄才有機會。」

「所以，後來是如何安排？」

「當然只好還是我來安排了，先參加海外遊學營，回來後再請家教來加強數學能力，另外，再安排參加才藝教室的活動，這樣他就沒什麼時間打電玩了⋯⋯沒想到暑假也好累，還是要接接送送的，唉⋯⋯」

以上是在「父母價值澄清團體」裡常常聽到的父母心聲。

當我請教父母們最在意孩子的是什麼時，最常得到的答案是：快樂、健康。亦即在父母的價值觀裡，讓孩子有健康的身心、快樂的生活是最重要的；問題是：在每日的生活中，父母的所作所為是朝這樣的價值觀邁進嗎？會不會在不自覺中背道而為，卻仍自以為是呢？

像場景一至少包含「零用錢」、「勤勞習慣」與「金錢管

理」三方面，這位家長顯然將「工錢」誤為「零用錢」，同時又認為「按件計酬」可以培養「勤勞習慣」，另外則是：「錢」是我給的，所以，孩子沒有任意支配權，因此，由我決定可不可以用，你只要負責記帳，就能學會「金錢管理」了。

場景二則是希望孩子具有安排假期或休閒時間的能力，可是，一旦孩子所做的安排不符父母心意時，就立即下海代打，以求孩子度過一個合乎父母期待的充實的假期。這樣的父母真是求好心切，可是卻忘了：如果不給孩子足夠的歷練與學習，一味剝奪孩子嘗試的機會，孩子可能培養出必要的能力嗎？

上天給我們擔任父母的角色，是要我們陪著孩子一起學習，其中一項基本功課就是：常常停下來想想，我們與孩子互動的方式與內容，是朝向我們真正想要的方向或目標前行嗎？是與我們真正關心孩子、最在乎孩子的「基本價值觀」一致嗎？

一旦價值觀清楚了，抉擇就容易；一旦做的與真正在乎的一致，人就自在了；父母能自在，孩子就能在健康、喜悅的家庭中成長。

面對親子間的多元互動與推陳出新的挑戰，好好釐清自己身為父母真正的價值觀吧！

始於放鬆，成於放下

　　清晨張開眼睛，前一晚心中未解的困惑瞬間襲來，看來是睡不著了，隨手翻開床邊的書《每一天練習照顧自己》，一句話映入眼簾：「我們無法讓別人改變成我們想要的樣子」，哇，一語驚醒自以為是的我！

　　的確，我們經常想要改變他人，尤其當對方不符合自己的期待時，會想許多辦法，採取各種方式，就是想要對方快快變成我們要的樣子，甚至美其名是要幫助對方「成長」，似乎所作所為都是為了對方，而忽略了「強烈掌控的意圖」才是我們內在的真相，如同書上接續提到：我們無法改變別人，所有想掌控別人的意圖都是幻想、也是假象，因為，對方會反抗我們的努力，甚至加倍證明我們是無法控制他們的，於是我們會再加強火力，導致對立、衝突一觸即發；而另一種情況則是在威逼之下，為了生存，對方只好採取暫時的順從，維持表面的配合，結果往往是徒勞無功。

　　記得結婚初期，有一天我太太很嚴肅地告訴我：「建議你去訂做一位太太比較容易」，我當下愣住，接著想想自己並沒有刻意要求什麼，冤枉啊，老婆大人！經過溝通發現：原來我骨子裡一直期待她能活出我認為的樣貌，不自覺地用我習以為

常的標準在衡量、要求她，忘了在我們家很平常的行為舉止、處事反應，對她來說是完全不同國度的文化與習性，如果硬性要求，不只扭曲她的原貌，無法活出自己，更讓彼此活在緊張、衝突的關係中。

前一陣子有位媽媽表示孩子很清楚自己的興趣，也朝著該方向發展中，但是，她還是很想要做點什麼，以便可以給孩子多一些幫助，我笑著說：「也許將妳想介入的手收起來，就是最好的幫助！」有時嘴巴說要讓孩子順性發展，卻掩飾不了內在的不安與不信任，總想領著孩子往父母期待的路上前行，雖然，不一定清楚這條路是否真的適合孩子，總是慣常以「愛」之名合理化自己的作為，孩子可能直接反抗，也可能默默承受，結果彼此都在壓力中辛苦地活著。

幾年前，有位高階主管，對某新進中階主管的表現不甚滿意，經常約他談話，一段時間後未見改善，接著列出十大指示，要求該中階主管照章行事，並定期約談、追蹤，由於一直要努力滿足高階主管的要求，不僅讓彼此關係變得很緊張，該中階主管還經常身體不適，自信心愈來愈低，不只原來的表現無法維持，還出現新的狀況，同時，各部門人才也相繼離去，該高

階主管遂更加強事必躬親的管控與教條式的說教，搞得自己身心俱疲，職場氣氛貌合神離，業務也未見起色；該高階主管後來徹底反思，才發現自己每次約談部屬，除了說大道理就是斥責哪裡沒有做好，不接受也不想了解部屬的實際狀況、困境與目前的努力、預計的做法等，亦即最典型的上對下只說不聽的模式，導致部屬們漸漸以表面順從的態度應付，不知不覺間他與大家的距離愈來愈遠，而當他感到愈孤單無力，就更變本加厲地操控，以為這樣就可以改變他人，扭轉局勢，朝向他要的方向前行。

　　「想將對方改造成自己期待的樣子」，基本上是一個虛幻的念頭，畢竟，人都不想被控制，都有自己的主體性，因此，面對與人互動的實境，只能老老實實地回到自己，踏踏實實地修練，由「對自己放鬆」開始，讓自己安靜下來，和自己的身體、習性、不安等輕輕對話，提醒自己：「放慢一點，放開一些」；接著，問問自己：「我一直想改變他，會不會是我不相信他有能力可以處理？不想讓他活出自己的本然？甚至是我對自己也不太有信心？」，經由這樣的自我檢視才能「對他人放心」；當能允許對方用他的步調前行，活出自我負責，就有可能進一

步「對事情放手」，不用凡事都要親手掌握，都要依照自己的模式進行，讓他人做事更有空間，也會更富創意；最後，則要學習「對結果放下」，一般人不會故意將事情做不好，何況過程中充滿不可控制的變數，相信對方已盡其所能，就能接受所有的結果。

　　由「放鬆」開始，接著能「放心」、「放手」，最後試著「放下」，是你我祈求共生互利必修的每日課題。

自謙迎新，成就他人

在一個專業人員聚會的場合，聊到實務工作的酸甜苦辣，有人說：「從事專業服務最怕遇到外行指導內行，尤其是居高位的外行，也許官大學問大吧！」

另一位回應著：「可能這本來就是官僚組織文化的必然吧。」

接著，一位過來人很有感地說：「我的經驗是：似乎位子愈高，權力愈大，也愈容易不自覺地只相信自己。」「是啊，可能有時是擔心他人看到自己的不足，只好愈保護自己，自陷井底，難以自拔，以致愈看不到真相。」「對！對！我看到的是：為了顯示自己是有能力的，會出更多點子，給予更多指導，讓真正有能力的專業工作者不是求去，就是窮於應付，而無法施展真正有益的貢獻。」「沒錯，當出現這種狀況時，居高位者更可大聲地表示：你們真是沒有能力啊，都無法成事，所以，更顯得我的重要和不可取代！」

聽著大家你一言我一語，深深感受到夥伴們的無奈和無力，我也自問：會不會不自覺中我也曾如此對待他人？同時，內心不禁感嘆：居高位者握有很大的權力和豐富的資源，更具有不可思議的影響力，如果少了自我覺知，無法真實反思和真誠面

對自己的弱，就看不到真相與完整的狀況，導致未能以謙虛的心善待實際執行工作的夥伴們，不懂得尊重專業的價值，如此持續下去，不只上述現象難以改善，更可惜了老天賜予這個位置以及更多開創、造福的機會。

如同在家庭中，相對於孩子，父母也是握有權力和資源的「居高位者」，我們是不是也經常如此？

如果將孩子們聚在一起，請他們談談對我們的看法，讀一讀曾在心裡面對我們的嘀咕，會不會是：「不懂還裝懂！」「我打破碗被你罵笨手笨腳，你弄倒花瓶還要我幫你清理，這公平嗎？」「要不是還要靠你吃飯，我早就不理你了。」「叫我要這樣做、要那樣做，你自己做得到嗎？」「經常說我們這一代比不上你們，問題是：你們真正了解我們，以及我們的處境嗎？」「只會要求分數，這是上學的目的嗎？」「都已經是工業 4.0 了[註]，還在用工業 2.0 的思維和方法工作和教育我們，不是很奇怪嗎？」

這讓我想起幾年前遇到一位老師，他經常抱怨大學生不認真讀書，都在玩社團，上課也不專心聽講，不像他自己的孩子，以前讀大學時是多麼用功，全心放在讀書上面，他問我：「你

會不會覺得以前的學生比較認真，比較好教？」我回應道：「還好耶，學生在課堂上都還滿投入、參與的！你有用不同方式和他們互動嗎？」「看他們上課無精打采，有的玩手機、有的睡覺，我就很生氣，唉，想提早退休了！」也許他有發現現在的學生和以前不太一樣，卻將之解釋為「不認真、不用功」，所以，他可能就不會想去多了解現在學生的特質和學習習慣，也不會想要調整自己的教學方式，結果造成師生間很疏離，彼此很辛苦，甚至覺得教與學都很痛苦。

　　近來學校的教學網站和軟體升級，以因應網路世代的學習習慣，讓師生可以善用 3C 提升教與學的品質和效率，譬如上課時用手機進行臨場測驗、點名、提問等即時互動，甚至可以用「寶可夢」的擴增實境（AR）技術來進行教學，相信這些新的方式對許多老師都是很大的挑戰，畢竟，「新工具」代表了「新思維」，如果固守習慣的舊思維，自然會排斥新的可能，看不到眼前新的景況，以致和學生難有合作的共學關係。

　　人與人有差異，代與代之間有距離，不同專業、經驗間也各有所長，這些「不同」原本就是必然存在的現象，只要願意真心面對與承認自己有所不足，進而打開心胸，以開放的思維

去傾聽、接納和了解對方，彼此必然就能開展新的關係。

　　新的一年，不論您是位居高位的長官或擁有威權的師長，藉此相互祈願：能以一顆謙虛的心向部屬、學生、子女學習，成為對方真正的貴人！

註：根據《天下雜誌》601 期說明，工業革命四階段分別是：「1.0」指 18 世紀末開始的「機械化生產」，「2.0」是 19 世紀末「因電力帶動的大量生產」，「3.0」則是 20 世紀中發展的「資訊化、自動化」，至於「4.0」是德國於 2013 年提出的「智慧製造」。

20 用師者必受其益

　　讀到曾子的一段話：「用師者王，用友者霸，用徒者亡。」意指領導者對待人才或部屬的三種態度與境界。

　　若將人才以「師」相待，多請教，甚至言聽計從，吸納不同於己的智慧之言，得到許多點醒與學習，不只時時修正自己，更能以周延、寬廣的視野，成就真正利人利己的大事業，而能如此乃源自其內在有一種謙沖的態度與清明的智慧，願意聽進可能不太舒服的意見，並轉化成滋養自己的養分。

　　其次是將所用之人以朋友對待，當作諮詢、討論的對象，將他的意見當作參考，彼此可以並肩作戰、如虎添翼，或可雄霸一方，但領導者還是比較相信自己，整個團隊還是領導者說了算，領導者還是老大，其上無人。

　　至於「用徒者亡」，則是愛用順從上意、唯唯諾諾，只說好聽話者，甚至將人才當奴才使喚，活在唯我獨尊的小世界裡，看不到外在的真實景況，聽不見真實的聲音，得不到完整的資訊，加上對自己的處境毫無知覺，以為自己就是世界，人才必然留不住，也在不自覺中邁向衰敗之路。

　　當我回看自己的周遭，我身邊有這三種人嗎？比例如何？自己又是扮演哪種人？

如果身邊都只是順我意者，都是全然接納我者，當下當然很舒服，自我感覺也很棒，但是，少了提醒與針貶，似乎自己的存在是靠他人的呵護與保護中撐著，離真正的獨立與成熟將會愈來愈遠。

　　也許我有很多朋友，大家志趣相投，經常激盪、交流，齊心合力，一起完成許多任務，這種有伴同行的感覺也很過癮。

　　如果還能真誠自問：我的身邊有可奉為老師級的人嗎？

　　若無，是找不到，還是未具慧眼？也許是「外國月亮比較圓」的「近廟欺神」心理，總覺得身邊親友、夥伴，沒有值得學習者。

　　若有，我真心尊敬他的智慧嗎？還是每當他表達時，我都以耳邊風待之？於是，聲音漸漸遠了，也沒了。

　　每個人都是有限的，也都有影響力，而領導的本質就是影響力的過程，如果想讓自己的生命更有貢獻，活得更有價值，每個人都需要一位生命的老師：他可以是一位真實的人，飽讀詩書，通曉古今，或者閱歷豐富，通透人生，也可能是精熟某個領域的達人，他的見解往往有助自己少走許多冤枉路，而對人、對事的深度與遠瞻，也讓處於茫茫中的自己恍然大悟，由著重枝微末節的瑣碎煩務回歸最具價值的基本面；有時這位老師可能是一個「信念」，一個自己真正相信的「價值」，或是

一個當初下定決心的「初衷」，只要清楚那是什麼，經常邀請他到面前，真誠對話、反思，也許過程會有爭執、掙扎，甚至痛苦，但是，只要清楚自己在做什麼，持續堅持，即可正本清源，回歸正途。

以親子關係來看，我們是將孩子當做老師、朋友，或是只要聽話的徒弟？如果願意向孩子學習，他就會以純真的心，如實地回應我們，孩子的赤子之心若得到尊重，我們身邊即有一面明鏡，時時幫助我們明辨得失；如果以朋友待之，就多了一位知心夥伴，成長過程可以得到許多溫馨的支持與助力；如果經常對他呼來喚去，隨著孩子長大，彼此愈來愈疏遠，他不只不和你說實話，甚至不想和你說話，於是，你將漸漸步向顧影自憐的孤獨之路；這之間的關鍵，就在於自己內在心態對孩子的看待與對待的差異。

人我相待非常奇妙，如何待人、用人將如同回力球般，曾經丟出去的，遲早會回歸自身，因此，若對所用、所待之人非常尊敬，並知道自己有許多不足，能將人才、夥伴奉之為師請教，則必得受益回報。

總之，我如何對待自己周邊的親友、夥伴，我與他們建立了什麼樣的關係，自然形塑出不同的人格與風格，也將反映出如何被對待，以及可以開創出何種格局與內涵的人生。

21 視而不見謂之心盲

前一陣子南下，訂了一家不曾住過的飯店，想先了解飯店附近的環境，一位曾經住過的朋友說：「那兒很偏僻，沒什麼商家，大概只能到對面的體育場走走，做做運動。」

到了現場，果然位處偏遠，飯店雖在大馬路旁，但是，除了正對面的體育場外，周邊連住家都零零落落，要買個東西、吃頓飯都要走一大段路。

我由五樓房間窗戶望過去，正好看到體育場全貌，心想：至少清晨外出運動，有個鄰近又寬敞的場地，也算是有加分了，於是，連著兩個早上，起床後就直奔體育場。

第三天早餐時，看到餐廳外的草地上有個搖椅，有人坐在上面，看起來滿悠閒的，告訴自己：等一下可以去好好享用，放鬆、放鬆。餐後，走過去，坐在搖椅上，微風徐來，好涼爽，原來是在樹蔭底下，我不經意地看著附近的環境，發現這兒是飯店的後花園，綠草如茵，也栽種了好多大樹，空氣流通，也很清新，是個運動的好場所，突然間，自己笑了出來：怎麼住了兩天都沒有發現這個好地方，還直奔只有黃土毫無綠樹的體育場？更好笑的是，其實昨天有走過這裡往後門走出去，還爬上門外的吊橋去看對岸的風景，可是，今天一大早要去運動時，

後花園的綠色環境卻完全未浮現在腦海中！

　　這是怎麼一回事啊？

　　也許就是典型的「視而不見」的現象：

　　一旦我們心裡有一個先入為主的想法，當其他資訊出現時，即會自動忽略或將之過濾，以致無法引起我們的注意，該訊息自然起不了作用，和我們無法產生有意義的聯結。

　　生活中這樣的現象還真是屢見不鮮，譬如：太太換了髮型，老公可能毫無知覺；朋友稱讚我的孩子很細心、體貼，自己卻認為是朋友客氣，不好意思說孩子的粗線條作風；自己的同事去支援其他機構時，他的能力、表現，都很受他人賞識，可是在自己機構內卻沒沒無聞。

　　這種「視而不見」也可能來自「視為當然」的內心模式，當心中有個定見，認為只有一種答案，且重複強化後，就自然成為與外界訊息互動、過濾的唯一標準。因此，一切的發生只選擇與自己認定相合者，或者，將所有如常發生、進行的人、事、物，認定為理當如此，而看不到個中的獨特性、個別的價值，或者過程中的努力與辛苦。

　　我喜歡吃竹筍，總以為它只是由竹子根部冒出，將之切下挖出而已，為什麼有時候價格卻很昂貴？直到看了一個節目介紹，才知道筍農的辛苦，心裡甚感慚愧，並和太太說：「以後

要以感謝的心享用每一口嫩筍！」

　　不論是「視而不見」或「視為當然」，都讓我們處在窄化的世界而不自覺，甚至以為自己都知道，自己所知是唯一真理，以致常活在只相信自己而不信任他人的處境中，這種現象若未能醒覺，不只自己孤立自己，還會讓身旁的人活得很辛苦，就像有些父母總認為孩子沒有自己懂得多，自己比孩子能幹，現在的孩子不如自己小時候勤勞等等，而嘆「一代不如一代」，而在職場裡也常見有些主管抱怨部屬能力、視野都不足以成事，無法信任，只好大小事都親力親為，以致父母對孩子的表現總是挑剔多於讚賞，主管對部屬的關係經常掌控多於放手，久而久之，不只與他人、環境日漸疏離，連自己和自己的關係也愈形疏遠。

　　一旦了解了人會如此的自以為是，就更要經常提醒自己：在採取反應或行動前，可以先綜觀前後左右，也許無法一時掌握全貌，至少可以避免「捨近求遠」、「近廟欺神」的盲點。雖然人的注意力是有限的，無法同時兼顧各種資訊或刺激，但若能藉由檢視自己的內在模式，將有機會打開視野，減低「我執」的固著，產生更寬廣、開闊的可能！

22 找回人的自主性

在一場談學習相關議題的演講中，有聽眾分享：我很喜歡學習，而最感困擾的就是如何分辨有效與無效的學習？

的確，身處變動如此快速的時代中，往往擔心不學習就會落伍，甚至被淘汰。於是，就會到處聽演講、上課、參加各式團體或大量瀏覽資訊、書籍，如同我認識的一群好學的朋友，上班之外的時間，幾乎都填滿了各種學習，每天就在忙碌中匆匆忙忙地過了；我曾經好奇地請教他們：「你們如此忙著學習，可曾問過自己：心安嗎？」他們先是愣了一下，然後有人回道：「沒想過」，有的則說：「就是不安心，才要多學一些啊！」後來有成員說：「這是個值得深思的問題：我如此忙碌的學習，到底在追求什麼啊？」

當代資訊的多樣繁雜與快速變化，讓我們接收與可以消化的時間變得很短促，速成、片段與膚淺成了常見的學習樣態，導致內心常常感到心慌、茫然，這種飄浮無根的狀態讓人不安，於是，想要扎實、深根的需求自然會油然而生。

有一天，一群學生找我聚會，聊著聊著他們就提到好想要有系統地完整學習，而不是東抓西學的大雜燴，尤其自己又無法進行整合時，表面的好學似乎掩飾不了內在的心虛。

聽完他們的真誠分享，我也頗有同感：要將一樣東西學會學通，是需要花時間用心投入的，東拼西湊，跟著所謂「新」的東西盲目抓取，往往只是追逐時髦而已，我們是要學點皮毛就好，還是要深入掌握其表象內蘊的真理或精神？

　　因應他們的需求，我提出五年人才培育計畫的構想，邀約有心共同學習具有溫度與深度的生命教育對話者，一起用五年時間，每年精耕一種「意象教育法」註，共修「以人為本，以人為師」的生命學問，成為推廣「意象教育法」的種子，他們聽完非常興奮，當然也有「要用五年時間，好長喲！」的擔心。

　　我回應道：現代人好像什麼都懂一些，什麼情況都可以回應一點，卻難以形成系統論述，可以說這是一個「人人都有意見」，實際上是「常常沒有主見」的社會；如果願意在生命的長河中，針對自己想要學習與貢獻的主題或領域，下工夫鑽研三到五年，相信在「專精」的基礎上，加上廣博的涉獵，豐厚的內涵自是水到渠成！

　　人生的風貌就是持續選擇與決定的展現，只要願意給自己機會，進行系統的學習，此種點滴可以穿石的學習策略，自然不易被眾聲喧譁的外在集體催眠，而能找回人的自主性，回歸

安己利人的學習本懷。

註：「意象教育法」包含：意識激發、衝擊、梳理、深化與活用等五
　　種系統化的教育方法。

23 慢慢來啊，學習

　　到醫院探訪因中風而住院的好友，聊到復健的狀況，他說：「就是配合復健師的指示，每天做一些動作。」接著就示範用右手掌撐著左手掌，將左手臂費力地往上舉；十天後，我再去看他，鼻胃管已經取下，可以正常進食，臉色紅潤，雙頰也豐潤許多，我說：「聽你說話更有力氣，看起來好很多了！」他回道：「每天固定做復健，有些辛苦，也很單調，有時覺得好像沒什麼進步，會滿挫折的，這兩天回想自己的狀況，和剛開始比較，其實進展不少，看來是急不得，只能不斷地提醒自己：一步一步來啊！」

　　的確，由原本每週都去爬山、健走，突然連翻身都無能為力，面對如此巨大的落差，誰的心情能不低落？又有誰不想盡快復原呢？

　　聽到他自己說出我們常會勸人的熟悉話語：「急不得」、「一步一步來」，雖然聲音有些微弱、沙啞，我卻感受得到那發自內在的體悟之聲，力量好大！

　　對他來說，好多過往熟悉的動作都得重頭開始學習，也讓我重新反思學習的意涵與學習過程的關鍵條件。

　　「學習」的基本樣貌是由陌生到熟悉，「陌生」意味著和

自己的距離很遠，因此，「學習」就是將彼此拉近的過程，而在過程中恆常需要「時間」與「空間」的存在，「時間」就是一點一滴地投入，以及耐心地等待，而「空間」是指要維持開放的心態，允許各種可能發生，並願意持續嘗試與應變。

這兩個要素似乎又違背人性想要「一蹴可及」求「快速」，以及「以不變應萬變」的「安穩」需求。

如同近日在社工系的「會談技巧」課程中，和學生討論會談演練的心情與發現，擔任社工的學生說：「會談前，我一直提醒自己要耐心傾聽，只要先做同理回應就好，可是，一坐上社工位子，腦袋突然一片空白，聽不清楚案主在說什麼，有時對方已經說過的東西，自己卻又重複提問，以致原地打轉，很茫然，也很慌亂，尤其沉默出現時，就會急著說些什麼，甚至直接給建議，真是不知如何讓會談順利進行。」而擔任觀察員的同學則表示：「我在旁邊看他們會談，我都會想：如果我是社工，我會如何如何，可是，為什麼一旦擔任社工，就顯得頭脹口拙？」

經過一番討論，學生們發現他們是因經驗不足，以致無法將所知順利化成有效的行為，而唯一的方法就是：「持續練習」。

我和學生分享自己曾經請教我的老師：他怎麼能夠那麼精準地了解與回應對方？老師說：「我在傾聽時，心無旁騖，心裡自然會浮現對方此刻內在的圖像，我只是將他回應出來而已。」當時我覺得太不可思議，多年後，自己也曾有這樣的經驗出現，我才知道他在說什麼。

　　如此老生常談的發現，再次應證：所有的學習，不論是由陌生到熟悉，由概念的知解到能吸收、轉化、內化為自己的一部分，都需要持續地親力親為，也許這就是生命學習的唯一法門！

24 學習之路但求放心

　　看到基金會志工們上課時熱烈分享、認真學習，各地讀書會的成員積極參與，持續交流，而社會上各種講座、課程也百花齊放，吸引不同族群參加，有的收費不貲，依然趨之若鶩，面對這些似乎充滿學習熱力的現象，不禁自問：如果這些人是為了學習而來，他們到底想學什麼？如果是為了想要成長，「成長」的目的又是什麼？

　　一般而言，學習的內涵包含：知識、能力與風格，前兩者都是外在取向，是具體、看得見的，有了足夠的知識、熟練的技能，可以展現自己的學問，也能有利問題的解決，尤其對現代人來說，可以學習的東西很多，能夠學習的管道也非常方便，例如有關助人的領域，近二十年來就有「焦點解決短期心理諮商」、「敘事治療」、「女性主義社會工作」、「哲學諮商」，以及近日在台灣非常夯的「正念減壓」等，而與對話相關的方法也有：「世界咖啡館」、「開放空間」、「肯定式探詢」、「意識會談」等，真是五花八門，至於各種書籍更是不勝枚舉，連一般人望之卻步的的經典或宗教典籍，如老莊、易經、佛經、聖經等，不只有白話文，更有漫畫版、圖解版……，問題是：自己上了許多課，參加過無數成長團體，也學了好多方法，甚

至讀了各種書籍，卻還是不快樂、不開心，和未學習之前似乎差別不大；有時則因為學了好多東西，讀到很多先人的智慧之語，反而更有說教、講大道理的素材，或不自覺運用所學，藉同感理解的話語，以溫暖、呵護之情，行軟性控制之實，似乎所學都是用在別人身上，而忘了先要用之於己。

的確，即使飽讀聖賢書，跑遍名師主持的課程、團體，如不能知行合一，不會或不願去實踐在自己身上，這種只有形式上的學習，缺乏與自己真心對話和內化的修煉，又有何實質意義？怪不得孟子早就說過：一般人雞狗走失了，都還記得找回來，而自己的心不知跑到哪兒了，卻不知去尋回^註！

聽到一些朋友分享參加成長團體的經驗，常聽到的收穫是：「學會更愛自己」，或是「要先愛自己才有能力愛別人」；的確，能「與自己同在」才會有一顆安定的心自處處人，而在人生道路上若將自我照顧、觀照自己當作目的，卻很容易走向自我膨脹，活在以自我為中心卻宣稱是愛自己的成長假相中！

如果「成長」是要持續擴大自己，將會把他人推得更遠，只活在自我感覺良好的圈圈裡，更看不到真實的人我狀態；而真正的成長是要學習張開心眼，不間斷地打破自以為是的幻象，

進而愈來愈清楚自身與人生的實際樣貌。

　　要能更認識自己，更了解人生、領悟生命，不一定需要上許多課，讀很多書，只要有一顆虔敬的修己之心，每天照照鏡子，靜觀自己，借鏡即可修身；或者把握每天經歷的人、事、物，在真實的發生中敏察自己的狀態，尤其針對引發內在負面的反應加以陪伴、細讀，問問自己：「這個狀態或反應和『我』有什麼關係？我收到了什麼訊息？它告訴了我什麼？我可以怎麼回應它？」，這就是一種藉著情境進行深度對話，以達修養心性（藉境修心）的簡易之道；有時則不妨勉強自己刻意做些動作、反應，如：經常要自己露出笑容、放慢說話速度、心急時及時深呼吸等，這些看似作假的作為，在過程中正好可以讓「擺不平自己」的部分出現，好好與「擺不平」對話，就有機會可以擺平自己，借用佛教的修持法門，也算是一種「借假修真」的策略吧！

　　學習的核心目的在於「修心」，修心的根源在「自覺」，而人卻常常嘴說有所察覺（如：我知道我很囉嗦），卻還是縱容自己，依舊我行我素，讓「自覺」成為口頭禪而已，因此，學習過程也需要藉由「他覺」的如實映照來幫忙，這之間的關

鍵又在於自己的心是否足夠開放，能悅納旁人的提醒，真正下了多少決心要踐行所知、所覺，願意如實面對自己？

　　人啊，一輩子的努力但求心能安住，因此，學習時時檢視自己的心在哪裡，將之安頓好，讓所有外在的學習都能回歸孟子的智慧：「學問之道無他，求其放心而已矣。」

註：孟子曰：「仁，人心也；義，人路也。舍其路而弗由，放其心而不知求，哀哉！人有雞犬放，則知求之；有放心而不知求。學問之道無他，求其放心而已矣。」

25 老天的悲憨

週日上午運動完我和太太習慣到某家咖啡店享用早餐，二樓有一個角落，只有一張小圓桌，剛好夠兩人使用，每次走進店裡，老闆就會自動表示：「我去開燈，開冷氣！」儼然這是我們的專屬位置。我們喜歡這個角落，除了它有獨立感，較不會受到別桌干擾外，就是屋頂剛好有盞燈，光線夠亮，要看書、寫字都很方便；坐定後，會依當天心情在早餐菜單上所列的四種餐點中選擇，接著伴著咖啡香，偶爾輕鬆聊聊，時而專注閱讀。

某次用完餐，下樓結帳時，看到櫃台內的料理台正在製作一份分量很大的餐點，我好奇地問：「那是什麼？」老闆回說：「綜合三明治。」「那麼大？」「對啊，所以有客人兩人點一份，切開各吃一半，滿划得來的。」我疑惑道：「菜單上有嗎？」老闆一臉無辜狀說：「有啊，在菜單背面單點的部分。」我拿了份菜單，翻到背面，哈！哈！果然有好多單點的項目。

回家路上我和自己對話：「菜單上有，我怎麼沒有發現？」「之所以每次都點早餐，似乎認定早餐時間當然就是要點早餐！」「一旦習慣了，好像就不會看到或想到其他可能，更不會想要問老闆還有哪些選擇。」

原來這就是人的盲點之一：「習慣」，其背後就是「自以為是」，也是一種「主觀」的現象。

　　感謝老天藉由這個小事情，讓我看見自己不自覺地活在自設的框框中，老天也在點醒我，要能觀照全貌，才有靈活變通的可能。

　　的確，老天的悲憫就是會適時地提醒，會用一些發生讓人看到一些現象，但是，祂不會勉強我們一定要如何反應或改變，就像下一次我會不會改點「綜合三明治」，祂不會干預，也不會要求，就算我們不為所動或渾然不知，祂仍舊會持續在必要時刻有所示現，發出某些訊息給我們。

　　近日在一次讀書會的過程中，某成員表示書中某句話讓他很有感觸，他要分享一些感受和經驗，結果在二十多分鐘裡，他先是引用易經的卦象，接著又提到老子的某一章，又說到佛經的某個觀念，往往一個部分還未說清楚就又跳到另一個觀點，加上引經據典，將專有名詞快速倒背如流，大家都聽得一頭霧水，也不懂他要說什麼，只感受到他上了好多課，記得好多經典內容，後來有成員問他一個封閉性問題，只要他回答「有」或「沒有」，當大家都很期待他的明確答案時，他又開始話說

從頭，有成員當下提醒：「請你先說『有』或『沒有』。」他說：「我知道。」接著仍然開始說故事。

　　事後回顧這個「發生」，我發現他在幫助我們檢視自己：表達的目的是為展現自己還是要和對方有所聯結？是要活在當下自覺中，還是要讓習性帶著走？以往所學所知，只是停留在知識層面，還是有落實在生活中？我認真讀書、上課，是要堆疊知識高塔，或是要由踐行中印證所學，以產生更具體驗內涵的智慧？

　　如果經歷這樣的過程，我依然故我，沒有因有所覺察而調整，相信老天還是會在另一個場合再出現，給我另一次機會。

　　雖然機會常常有，但是每一個決定就是直接反映當下與自己的關係，也反映看待自己生命的態度，如同近日在一個系列研習課程中，面對沒寫作業無法參與實際演練的成員，我的學習是：老師的功能之一是協助學生有效學習，寫作業有時是輔助，有時是為下一個學習做準備，老師只能提供可能的學習機會，至於學員要不要做作業，用什麼態度做，身為老師也只能邀約、鼓勵，實在難以要求，更無法強迫，這是老師的限制與界限，畢竟學習是學員的責任，學習成果也是學員要自己面對。

的確，人只能為自己負責，不論老師教學、學生學習，讀書會表達、成員回應，早餐的意外發現，甚至生活、工作中旁人的提醒等，都充滿了生命學習的線索和可能，要即時掌握、深刻覺知和轉化，或者即知即忘，毫無知覺，都是自己的選擇。

　　每一個選擇都會有一個結果，就算持續固守自己熟悉的模式，老天也不會放棄我們，祂仍然會耐心等待，適時提醒，只要某一刻醒悟，願意真心回應，就有希望，就是契機！

26 立下決定，即知即行

「我知道要改，可是改不了。」

「我很想做些改變，但是，好難喇！」

「我知道若能那樣做，對我會很有幫助，可是，目前就是做不來。」

「知道卻做不到」，似乎是你我常見的通病之一。

記得多年前開始和陳怡安老師學習時，他經常耳提面命地叮嚀學生們要寫「日知錄」，每天給自己一點時間和當天的經驗、感受對話，並書寫下由其中得到的真實學習，讓自己每天在有自覺地完成中，實實在在活著；好幾次我都立志開始動筆，也為自己準備了精美的日記本，甚至挑選寫起來很順手的筆，寫了幾天，頂多兩個禮拜，就和日記本說再見了，過程中還曾認為是不懂書寫格式，請陳老師讓我們看看他寫的日知錄（甚至他還應學生要求將部分內容出版成《每日生命對話錄》一書），結果呢？我還是半途而廢。直到有一天，和王老師（也是陳老師的學生）一起上完課，回到飯店，臨睡前，看他取出稿紙，我問他：「你要做什麼？」，他很平靜地說：「寫日知錄啊！」「你寫多久了？」我問，「有一陣子了。」霎時，「轟」的一聲，我被敲醒：「論輩分，他是我的師弟，竟然如此精進，

那我……」，羞愧之心頓然升起，「我也要開始了」的聲音同時自心內湧現，奇妙的事就此展開，過往出現過的諸多理由，瞬間消失，也不須備齊精緻的文具，只要一小張活頁紙，一枝原子筆，就動筆了！

　　同樣地，「運動有助身體健康」是人人皆知的常識，我曾經早起到辦公室附近的籃球場打球，甚至還影響同事主動加入，家人也給予正面回饋：「你最近的臉色很紅潤，整個人看起來很有精神」，可是，隨著同事因故不能再參加，我也自動懶散，還歸因於都是因為沒有伴，所以，不容易持續！數年後，身體出了大狀況，醫生告知需要規律並持續地運動，才能維持肺部功能正常運作，神奇的是，每日天亮即自動醒來，似乎內在有位天使在呼叫「起床了！起床了！」有時難免魔鬼也來湊熱鬧：「昨晚沒睡好，再多睡一下吧！」「天氣陰陰的，好像要下雨了，不要出去，免得感冒就糟了，放一天假吧！」於是，繼續躺著，奇怪的是，心頭開始發悶，全身出現不順暢感，我知道心內真實的聲音是：即刻起床就是了！幾次類似的經驗後，我深刻體知：唯有忠於內心本然之音，才能活得自在舒暢。

　　有時我們讀了很多勵志或激勵的書，知道好多改變、成長、轉化的知識與方法，也可能上了許多成長課程，學到各種可以讓生命轉彎、提升的具體方法，只是藥效似乎很短暫，於是，認為學得不夠，不自覺地要讀更多書，參加更多課程，而忘了

自問：到底是知道太少，還是行動不足？如同曾經有位老師要求某位學員暫停參加他的課程，他說：「你連續參加了三年，我沒有看到你有何改變，也沒見到你在生活中踐行課程所學，好像只是喜歡來上課，你知道的已經夠多了，我想你需要暫停上課，將時間、精神花在實踐上，如果你真的如此做了，也許半年、一年後，你可以來班上分享你實用後的學習與心得。」這一段話真是點出「知與行」的不同狀態，相較於「行」的費心費力，只是單純的「求知」輕鬆多了，畢竟，只停留在「知道」，可以不用負責任。

也許是還沒到真正急迫的時刻，壓力尚未大到非做不可，以致「踐行」的意願迸不出來，自然不會有強烈動力去具體行動，於是，可以繼續給自己百個、千個，甚至無數偉大的理由，讓自己原地打轉，一再原諒自己，而忽略了愈來愈微弱卻仍一息尚存的內在呼喊。

王陽明曾說：「知是行之始，行是知之成」，知與行原是一體，雖然這句話的本意是重在道德意識和實踐，但用在一般的學與習仍具有啟示作用：如果深刻體認改變的重要性，真誠重視內在的呼喊，即知即行就在此刻，也是誠於自己，為自己負責的道德表現，請勇敢地做決定，將所知付諸行動，給自己踏出改變、轉化的重要一步！

27　我與自己的距離

　　因為一個讀書會的案子暫告一段落，讓自己每週多了兩天空檔，因此有更完整的時間與自己相處，才發現要真正「獨處」，是一門大學問！

　　原本以為忙碌了許久，終於可以停下來，也許什麼都不做，讓自己放空，一定會覺得很輕鬆自在，結果發現一旦停下不做什麼，內心反而忙碌起來，許多聲音爭相發言：「什麼都不做，或者做些不營養的事（譬如：看電視、看閒書等），是不應該的，怎麼可以浪費生命！」「可是，我忙了好一陣子，想給自己放個假，過幾天『無所為而為』的日子，不可以嗎？」「你看，才過半天，你就已經心慌慌了，還不趕快為即將來到的課程做些準備！」「……」，這些心內的對話導致坐也不是，站也不是，當下感受到「心」很不定……。

　　這樣的發生，讓我思索：

　　平日的「安」與「定」，會不會是一種假象？自以為過得很充實，其實是一種虛幻？

　　如果不是，當擱下這些外在的事務時，「心」怎麼會有不踏實的感覺呢？

　　莫非我們其實都是攀著「外緣」而過日子，這種不自覺的

生活形態讓我們漸漸地與真實的自己疏離了。

我有多久沒有和自己完全在一起？

我有多久不曾較長時間、專注地和自己說說話？

我有多久忽略回應與關照內在的心聲？

以致當有時間和自己全然在一起時，會有莫名的不安，似乎是和一位不熟悉，甚至有些陌生的人要同處一個時空。

這也讓我比較了解一些不用上班的朋友們，他們會將每天的行程排得很滿，有時和他們聚餐時，午餐還未結束，就在商量要去哪裡喝下午茶，而在享用悠閒的午茶時光時，就會有人提議晚餐到某處新開張的無菜單私廚，晚餐時可能有人會提議下個月一起去看櫻花……。

另外一群人則是很熱心地投入志工服務工作，也熱衷於學習，白天到處排班服務，空檔或夜間會去上課學習，看到他們有時疲累的身心，會讓人於心不忍。

以往我會不能接受他們如此「過日子」的型態，最近似乎有些懂了。

也許將這些節目都挪開時，人只能赤裸裸地與自己共處，這是何等「驚天動地」的可怕！而「趨樂避苦」的人性自然選

擇了更輕鬆的路，讓自己可以暫時的「快樂」或者「有成就」，也因為是暫時的，所以要持續填滿，於是，就形成了如此的生活樣態。

　　反觀自己，不也是類似如此的活著嗎？

　　因此，衷心感謝近日的空檔，一定是上天的悲憫，知道我疏離自己太久了，用心做了如此美善的安排，讓我有機會與自己真實地接觸，也經由直接對話，重新學習「獨處」的功課。

28 學習與自己和解

　　陳爸爸是大家族的獨子，婚後因投入家族事業經營，家務事都由陳媽媽一人承擔，生活中她經常接收到大小姑姑們的冷言酸語，甚至霸凌等不當對待；而姑姑們結婚後，回娘家時，也經常將陳爸爸做生意收到的現金大把大把地拿走。

　　這一切發生，陳媽媽都看在眼裡，也不能說些什麼，有苦就往肚裡吞，心痛就忍耐熬過，從來不曾向人訴說；直到幾位姑姑相繼往生，她回想過往的點滴，才娓娓道出一路走過來的辛酸，我問她：「妳現在對她們有什麼感覺或想法？」她幽幽地說：「人都走了，我不想再花力氣去計較算不清的帳，就一筆勾銷吧，我要讓自己活得輕鬆自在一些！」

　　林先生多年前介紹好友李先生到自己服務的公司任職，各擔任不同部門主管，初期相處融洽，也經常合作完成某些案子；有一次在討論某項計畫的會議中，李先生突然對林先生大聲批評、責難，與會者都覺得很突兀，由於氣氛十分尷尬，會議就草草結束；會後林先生覺得一頭霧水，不知是哪裡得罪對方，而高層也透過各種方式想了解到底發生了什麼事，會引發李先生如此強烈的反應，但是，李先生都拒不回應，接著幾次會議也曾發生類似情況，甚至平時在辦公室，他也偶爾會對林先生

大聲咆哮，以致同仁們經常處於不安的狀態中。

正當大家摸不著頭緒時，有一次李先生接到一通電話，沒講幾句話，就開始對著通話另一方大聲指責與抱怨，原來是和媽媽在通話，他不滿媽媽為何一直對弟弟比較好，他如此盡心盡力為家庭付出，媽媽還是偏愛弟弟，當時他講電話的狀態已接近歇斯底里……。

那一刻，林先生突然明白，可能是林先生因開創公司先例，申請帶職進修獲准，讓李先生覺得上級偏愛林先生，引發他和原生家庭的經驗聯結，而不自覺地出現類似情感轉移的激烈反應。

當林先生明白李先生內心長期存放的苦痛，他對曾被莫名指責產生的怒氣，因這樣的了解而有些釋懷，自己緊繃的心也放鬆許多。

而一開始提到的陳媽媽，清楚知道無法和已不在世者算帳，同時，也為了放過自己，她選擇原諒所有的發生。

人生在世，難免和他人有過節，尤其與親人或同事之間長期密切相處，無形中會製造與積累許許多多的「恩怨情仇」，如果未能適當化解，經年累月產生的「心結」，很容易讓自己

困在冤與怨中，而喘不過氣來。

　　記得有人提過：一位內在滿足的人，是不會惡意對待他人的。

　　凡事必出有因，也許我們無法都去窮究真正的源頭，而能做的就是：當自己受苦時，試著去體會對方也不好受，並在了解彼此都有盲點的基礎上，開始學習與自己和解吧！

29 怨人不如修己

　　朋友提到他們公司最近開始進行年輕化方案，因此，陸續進用幾位年輕人，可是，很快就離開了，主管們都覺得年輕人不好用，譬如：不喜歡加班，時間一到，就立即下班，有一位還要人事單位提供出勤紀錄，以了解自己加班是否超過法定時數；有的則工作幾天後，發現工作內容與當初面談時的說明不同，就離職了；有的會將分內事做好，但較不注重和同事間互動，也不會主動協助他人；有的則是要他做什麼事時，需要清楚說明，同時還會將彼此界線劃分明確，有時會讓人不太舒服，總之，很難搞，和現有較資深同事很不一樣，不知怎麼辦？

　　這讓我想起曾經有位老師多次提到：現在的大學生很難教，上課時很多人在玩手機，都不專心聽課，平時也不用功，延畢的學生愈來愈多，不知他們在想什麼？有一次他有些無奈地說：「你看剛才由校門一路走進來，都是社團攤位，心都玩瘋了，哪有時間讀書啊！」我問他：「你的意思是以前的學生比較認真，比較好教？」「當然啊！你不覺得嗎？」「我是有發現學生的學習情況不同，不知道你的教學方式有因他們不同而做些調整嗎？」「怎麼調整？是他們的學習態度有問題，我教得好累，想退休了！」

我也經常聽到許多家長訴說著孩子不惜福，無法體諒父母的辛苦和用心，將許多安排或物質供給視為當然，很自我、愛計較，學習態度很被動，受到電視、網路影響，許多方面太過早熟等等抱怨。

　　我相信前述的主管們、老師和家長，都是認真、用心的，也對部屬、學生和孩子有期待，只是當期待和實際的發生持續出現落差時，他們的失望會化為無奈，當不知道還可以做什麼時，就會出現無力感，接著就發酵成抱怨了。

　　「抱怨」除了可以抒發負面情緒，內在的心理意義似乎還意味著問題在「對方」，既然是對方有問題，就代表「我」不需要調整，「我」自然持續一直以來的思維邏輯與對應方式。

　　的確，「抱怨」是相對簡單和省力的，只是，抱怨完，事情並不會改變，同時，持續抱怨也很容易讓自己掉入負面循環，讓自己的能量愈來愈弱，甚至讓事情朝向惡化進展。

　　如果願意暫停一下，聽聽、看看內在有哪些假設在影響自己產生這些推論，也許就有轉機，如：主管們可以反思是否出現過：「要能全面配合公司要求才是好員工」、「主動、積極付出是應該的」、「好員工不應該斤斤計較」、「除了認真工

作，還要能與人為善」等；老師自問腦海曾經出現哪些念頭：「大學生的主要重心就是讀書」、「玩社團會玩物喪志」、「上課就是老師說、學生聽」、「專心聽講、認真寫筆記，才是好學生」、「大學生不應該去打工」、「打工都是為了多點錢可以享受吃喝玩樂」；家長不妨自問心內曾否告訴過自己：「上網、打電玩會讓人著迷、沒有前途」、「家長為孩子做的安排都是為孩子好」、「孩子是沒有分辨和自我安排能力的」、「社會太亂了，孩子沒有能力保護自己」等等。

我們常在不經意間接收了許多自以為是的觀念、看法，同時，也沒有經過理性思考、客觀分辨，就視為當然地做為判斷他人表現的依據和標準，因此，若能先檢視這些假設是否客觀、合理，或是有些主觀，甚至是人云亦云的偏見，才能留下或調整成合理、客觀的內容。

檢視與調整之後，主管們可以自我對話或彼此討論：「年輕一代的同仁們在乎些什麼？」、「他們的思維方式、邏輯又和我們有何不同？」、「工作對他們的意義可能是什麼？」、「他們對自己的權益、福利的重視度如何？」接著再問：「根據這些了解，我們的思維要做哪些調整？」、「身為主管可以有哪

些新的因應做法？」

　　而老師也能接著問自己：「我有發現眼前的學生和以前的學生不一樣嗎？」如果有，可以再自問：「面對學習態度、興趣、方式，甚至能力、程度都和以往不同的學生，我可以做些什麼調整？」

　　家長更要經常提醒自己：「孩子所處的環境和自己小時候有哪些不同？」、「孩子在學習、人際和生活面各遭遇到那些挑戰或壓力？」、「網路、手機等科技工具如何影響孩子各層面？」、「親子互動和關係正面臨哪些衝擊？」然後告訴自己：「身處這樣的內外環境，自己可以從哪裡開始修正？」

　　一旦能夠換個方向思考，就會有不同的看見和新的發現，自然能由停留在原地連續打轉的「抱怨圈」，轉向有所作為的「影響圈」，這個轉變也是經由「修正自己」來開啟「自我負責」的契機！

30 「修己」由自我負責開始

　　「上週上完同理心後回到家，我跟先生說我在趕搭捷運時被人重重撞了一下，他居然回我說：妳平時走路就是莽莽撞撞的，是自己太不小心，還怪別人！他實在太沒有同理心了。」

　　「這個禮拜要練習看別人優點，我回去後就請我太太說說我有哪些優點，她看看我之後說：你啊，唯一的優點就是自我感覺良好！真是氣死人，她太不了解我了。」

　　似乎我們學了一些方法、原理、原則，都很習慣拿來要求別人，而不是先落實在自己身上，由自身踐行開始，如同學習同理心是來評斷他人有無同理心，而非先試著讓自己能同理別人；作業是練習看別人優點，卻急著要別人先說自己的優點。

　　人要能由「修己」開始，的確是門大學問。

　　有一次和陳怡安老師聊到出家師父和一般人的不同，他表示：出家人每天會做早晚課，而定課重點並不是在念經，是藉由念經進行自我檢視，每天都活在提醒自己中，這種天天「修行」的紀律就不一般人做得到了；這讓我想起 A 法師在參加某課程分組時，臨時有位 B 法師要加入，A 法師隨口對 B 法師說：「哦，你要加入我們喔！」，沒想到 B 法師當下不悅回道：「你不歡迎我喔！」隨即轉頭離去，A 法師立刻追上去道歉表示並

無此意，接著再經其他法師緩頰後，B法師同意加入其他小組，事後A法師和我分享此經驗時表示：會不會自己內在確實存有不想他加入的意圖，才會讓對方有此感覺？他回想當時自己內在好像有一個聲音，擔心能力、程度都很好的B法師，加入這一組會顯示自己的不如人。因此，看到B法師要加入時，內心頓時升起一股壓力，以致不自覺地傳達出某些訊息讓B法師接收到了；聽到這裡，我不只佩服A法師的反思能力，更看到一位活生生的「覺者」示現於前，也更深刻理解為何修行人被稱為「覺者」：時時活在自覺中！

回看自己面對各種不如己意時的反應，常常是優先責怪別人，評斷他人不應該、做不好，當我這樣做時，責任自然落到對方身上，同時也代表我沒有責任，畢竟當一切要回到自身時，就要開始負責了；而逃避責任似乎是人的生存之道，以致學了有效的對話方法、讀書方法、家庭溝通、團隊共識、覺察圈等，都是用來要求他人要懂得專注傾聽、同理回應、認真讀書、活在覺察中等，甚至希望孩子、配偶、同事能來學習，似乎他們比自己更需要。

記得在探討團隊溝通的課程裡，好多次都聽到成員們表達

同一種心聲：「這種課應該請我的老闆來上才有用，他不會也不想傾聽，只會要我們聽他說，他不認為自己需要學習和改變，我們學了回去還是沒有用啊！」面對這種無奈，我在同理後常會再提醒：「現實情況是：老闆沒來，你認為回去後在可能影響的範圍內自己可以做什麼？」

的確，人性的弱除了不想負責任外，也會在面臨許多限制時，先宣告自己人微言輕，不是不做，是在現實中力有未逮啊，於是先自我放棄，這也是另一種逃避責任的防衛機轉。

管理專家史蒂芬・柯維（Stephen R. Covey）在《與成功有約》一書中曾說明人的成長階段是由「依賴」開始，經由「獨立」，再到「互賴」，而在「依賴」階段最明顯的狀態就是「我不用負責」，因此，當我們學了東西不是用在自己身上，而是拿來論斷他人，甚至要求別人去做，似乎就是一種「你要為我負責」的「依賴」狀態，也是一種「我是不好，你也沒多好」的心態，以柯維的成長階段來看，是處於「兒童」時期，所以，自己可以不用負責。

柯維在書中也提到：人會同時活在「關切範圍」與「影響範圍」中，當前者遠大於後者時，自然覺得自己是無能的，很

容易就放棄了，而事實上，每個人都有自己可以發揮影響力的範圍，只要願意開始做自己可以做的，就是在啟動影響力，因此，當我們學了好多有用的方法，知道很多原則、道理，也關心周邊許多人、事、物，也許就由自己可以做的地方著手，這是自我負責的起點，也是真正成長的開端！

31 轉換的密碼

前一陣子知道朋友的孩子想要轉換工作，也有和headhunter談過，近日聯絡時，我們的話題又聊到這件事。我問他：「有進一步消息嗎？」朋友說：「沒聽孩子說。」我記得幾年前朋友提過曾有好幾位headhunter找他孩子面談過，所以我接著問：「有找其他headhunter聯絡嗎？」朋友回答：「好像沒有。」我們又聊到面對工作或職涯轉換時曾有的相關經驗，聊著聊著就浮現出四個心法的密碼。

首先是「廣結善緣」。

人在困境或變動中需要善緣相助，此「善緣」來自過去與現在，「過去」是指自己曾和那些人結了什麼樣的緣，當此刻需要相助時，曾有的人脈、資源等都陸續出現，必然感受到「善緣」的力量和美好；同時，也可以積極地創造結緣的機會，和眼前正在發生的人事物，持續用開放的態度善待，一方面建立此刻正向的關係，也在儲備未來需要時的活水。

如同這位朋友多年前辭掉工作後，並不知道接著要做什麼，於是，他打了電話給幾位朋友，告知他的現況，沒想到其中一位立即回應：「你來我這裡，我幫你準備一張桌椅、一個電話，你就來這裡聯絡、處理事情，你不在時，我的秘書會幫你處理

電話事宜。」沒多久後，他接到一通電話：「學長，你現在比較有空，可以來協助推動一個大案子嗎？」陸陸續續朋友們都有佳音回報、聯結，他說：「我當時才知道我過去和這些人結了什麼樣的緣啊！」

其次是「順勢而為」。

世事的發生、進展和變化，並非我們能完全掌控。因此，最不費力的因應方式就是順著它，不刻意非做什麼，也不自我設限，就做自己當下可以做的，機會來了，就試試看，有狀況發生，就盡力處理，做好了，是一種成就，沒做好，則是學習的契機，也可能種下未來新發展的種子。

找這位朋友幫忙的案子，除了他原本熟悉的專業，也開始有不曾接觸過的領域邀他協助，當下他內在的反應：「我不會啊！」接著出現另一個聲音：「人家會找我，一定有看到我的優勢或能耐，可以試試啊！」於是，就努力學習、進修，於實作中不斷累積經驗，提升知能。

然後是「靜觀其變」。

朋友因嘗試新的領域，而愈學愈精，不只擴展自己多元領域，因能結合所知和所能，而開創出另一片天地；過程中，也

曾對一個案子投入大量時間、心力，沒想到無常出現，案子突然「被結束」了，收入瞬間少了三分之二，但他告訴自己：「這樣的變化，必有其道理，就看看人生會如何演下去啊！」

既然人事物是變動、複雜的，就學習時時提醒自己：用一顆抽離的心，在一旁觀察點點滴滴地變化，也同時敏察自己在過程中的起心動念，當心能安定，就能和變化共生同在，也能湧生因應的智慧。

最後是「感恩合十」。

人不可能去改變一切的發生，因為不論好壞，喜歡或不喜歡，都已經存在，因此，就以虔誠的心，雙手合十，向過去和可能的未來致意：「老天的賜予，必有美意，感謝！」

32 瞎忙時代的良方

學習翻轉生命

　　與某社福機構社工們進行「方案設計與團體規劃」的督導，我請他們聊聊以往是如何進行設計與規劃？

　　有人說：會先想過去曾做過些什麼，或聽到過什麼活動，再由其中找到適合的內容，依此來寫目標和主題；有的則表示：會想此次服務對象可能需要什麼，他們面臨那些困擾或問題，必要時，會先針對服務對象做口頭或問卷調查，以了解他們的現狀和期待，再思考可以做些什麼，以適當回應他們的需求。

　　接著，我請與會者說說這兩種不同的思維邏輯，有何優勢和不足？

　　大家的共識是：前者會比較快速產生內容，但是，可能會偏向社工主觀的想法，會和參與者的實際需求有距離，尤其若是採用自己熟悉的東西，只在舒適圈內打轉，會限縮社工專業的成長；若採用後者，則會花較多時間和精力做準備，要動用許多腦力，有時會覺得很累，但較能聚焦和貼近服務對象的需要，成效也可能比較好。

　　談著談著我歸納說：依據各位的實務經驗來看，顯然你們進行的「方案」並非「目的」，而是一種「策略」或「手段」，是想藉由「方案」這個工具，發揮某些功能，產生某種價值，

以使參與方案或團體的成員有所受益，他們都點頭同意，於是，我邀約他們試著造句：「透過『方案』，可以產生……，達到……」

社工們思索之後，都陸續表達了對服務方案的功能和定位的看見。

聽完他們的分享，我笑著說：「我們剛剛進行了一場與方案相關的『哲學課』」，與會社工們一致表示不曾被如此提醒或思考過，並表示剛才的過程讓他們有機會重新省視過去所為，以及對未來的服務方案和團體規劃有了新的思維角度和深度。

他們的反應，我一點都不覺得驚訝，因為，類似的主題都被定位為「技術取向」的學習，因此，學習過程都著重方法與技巧的傳授和練習，亦即花時間、心力於「如何做」，而忽略更根本的「為何做」，於是，在實務場域可以看到五花八門的服務方案和團體，社工們拚命寫方案、執行方案、撰寫結案報告，卻很少會花時間暫停，自問：「我在做什麼？為什麼要這樣做？非這樣做不可嗎？」

這些場景讓我想到某些企業邀約我去做演講或教育訓練時，我都會請教他們：「這場演講或訓練課程，會邀約哪些同

仁參加？是想回應他們什麼需求？參加完後，希望對他們或組織產生什麼貢獻或影響？」如果主事者可以清楚回應，我會接著請教：「目前預計的安排對想要達成的結果，可能性有多大？有什麼可以調整的空間，如：進行方式、時間安排或預期目標等等？」

　　通常當我問完前面的問題，普遍的回應是：「我再問問我的主管」，或是「我們內部討論一下，再和老師聯絡」，結果是大都無下文。

　　我想他們一定覺得這位老師很「機車」，增加他們的麻煩，而我學習到的是：如果我能弄清楚為何如此做，我會找到更有效的方法，以及因清楚所為的價值而能堅持下去。

　　也許，這正是瞎忙時代的一帖良方！

33 精修道德智慧

　　生活中充滿需要抉擇和決定的情境，正常情況下沒有人會故意做出不好的決定，也可以說人人都認為自己在那當下的決定是好的，只是在做決定前的考量階段往往會面臨如何選擇才是好的（或至少是適當的）掙扎或矛盾。

　　人生有許多這樣的例子，大到國際政治，小至日常生活比比皆是，前者如：某個電視影集中男主角在大學教授「道德與倫理」課程，且以高道德標準自許，太太是負責政府外交工作的主管，男主角有一位學生是某國大使的孩子，在該課程表現不佳，在一國際事件中，該大使私下表示孩子若該科成績 C 將影響他申請某知名大學碩士班的入學，若男主角能給他孩子成績 A，則他願意協助化解該事件，於是，男主角的太太希望先生能給該學生 A，以緩和兩國的緊張關係，男主角頓時陷入了多重衝突的掙扎；後者譬如：在公園練氣功時，每週來一次的老師曾提醒大家要專心、靜心練才能集氣，也對身體比較好，這幾天有幾位成員邊做邊大聲聊天，影響了你和他人的專注，你會如何反應：是直接過去提醒，還是很想過去提醒，可是又擔心會把氣氛弄僵，甚至破壞彼此感情，只好悶在心裡，略帶不悅地繼續練功？又或者在高速公路上隔壁車道的一輛車不只

逼車，在你減速讓他超前後，他又蛇行一番，頗有示威的味道，你的怒氣霎時升起，很想也如法炮製反擊，這時的你會有哪些考慮，是逞一時之快，豁出去和他車拚，或者會做幾個深呼吸，讓自己冷靜下來？

要做出正確的選擇並不容易，甚至要搞清楚什麼才是「正確」都是個學問，

布魯斯‧溫斯坦（Bruce Weinstein）在「道德課」一書中認為：現代人除了要學習「情緒智慧」（Emotional Intelligence）外，還要有「道德智慧」（Ethical Intelligence），亦即除了能有察覺、了解及回應他人感受的「心理能力」外，還要具備自己該做什麼與應當怎麼做的「道德判斷」，才能成為完整的人。

面對一個狀況，我們可能有許多想法與因應對策：是要對自己有利優先，還是要先考慮他人，或者需要兼顧？以愛為名，監看孩子的手機對話就不算侵犯隱私嗎？值得為公共利益而冒險嗎？只要不違法，投機一下又會如何⋯⋯，到底該如何判斷哪一個才是最好的選擇？

也許「道德課」中提出的「不造成傷害」、「讓事情變得

更好」、「尊重他人」、「合乎公道」，以及「心中有愛」五項原則，可以幫助我們清楚思考，有所依據地檢視每一個選擇可能的影響與意義，以便找出最佳的決策。

如同上述在高速公路被逼車的情況，如果也跟著加速反擊，最後可能兩敗俱傷，也就是說在做選擇時，可以先問問自己：「這樣做會造成傷害嗎？」亦即「避免傷害發生」才是面對此種狀況的最佳應對方式，而「不造成傷害」包含「不傷害自己，也不傷害他人」，萬一傷害是不可避免時，則要能將傷害降到最低的做法，才是具有道德智慧的對策。而公園練功被持續干擾時，若不去提醒，不只自己受影響，其他人可能就不想再來；更可惜的是聊天的當事人可能並未覺知到自己的行為已經干擾到同伴，影響大家一起練功的意願，可見適時提醒才能讓事情有所改善，至於如何表達，則不妨在結束或休息時私下提醒，或者在進行中慢慢走過去輕聲提醒，這樣做不只避免事態惡化，也運用了「尊重他人」的原則，可以「讓事情變得更好」。

這些原則看似老生常談，你我可能都知道，但在日常生活中卻經常忽略它們的重要性與影響力，如果想要讓自己活得更清楚明白、心安自在，也希望身旁的人能做出較好的決定，讓

彼此生活在具有道德品質的社會，不妨經常運用這些原則反思，並試著依據所得的答案勇敢去做，久而久之不只能夠誘發自身內在最善的動力，人生之路也將更踏實、光明！

34 成就有重量的人生

　　回母校參加五十週年系慶,見到在教育崗位上作育英才近五十載的老師,教育熱情一如當年,親切地招呼絡繹不絕的系友們。

　　是什麼力量,讓當初未滿三十歲就取得美國知名大學博士學位的他,能堅持走教育的路?

　　他在致詞時表示:當初在系上任教幾年後,一位同領域的知名大學教授認為他在非一流大學任教,依學生素質是不可能教出傑出人才的,最好是到國家級單位從事研究工作,才不會枉費心力,也更能貢獻所學;他當時很清楚告訴自己:雖不能得天下英才而教之,但願教之而得天下英才!

　　他這一席話,讓我想起當初在校時,曾和他聊起會到本校任教的緣由,他提到要回國時是有許多工作機會,但他很清楚自己想做的是「科學教育」,而非「科學研究」,因此,若能到一個新設立的科系任教,可以有更大發展的空間,於是,他做了決定。

　　近五十年始終如一的投入,也如他當初所願,栽培出眾多人才,系慶當天就有多位國內外傑出系友出席與分享,感謝他一路的教導,同時,系上老師們也肯定他奠定「以教育為宗旨」

的學風，讓老師們可以投入更多心力、時間陪伴學生學習。

我相信他在前行時，必定有遇到諸多質疑與挑戰，而每一次的挑戰，都是一項考驗，每一次被質疑，正好可以重新檢視自己相信的價值，也是再次確認的契機。

現代人每天都被許多大小事追著跑，甚至常要處理突發狀況，以致不自覺地將真正重要的事一直往後挪，尤其外在變因難以掌控，更容易讓人心惶惶；如同近日參加各種研討會或論壇，都在談論後疫情時代面臨的工作、生活型態的改變，以及需要因應的能力，台上講者傳達了諸多負面訊息，也提供了一些新思維與可能作為，他們的本意是要提醒大家做好超前部署與準備，卻讓與會者感到訊息轟炸，而有些恐慌、壓力與不安。

我由其中學習到的是：面臨愈是混亂、不定的時刻，更需要去分辨生命中的「輕」與「重」，以及掌握「變」中的「不變」，才不會隨波逐流，無所適從，亦即要先安頓好身心，將時間、精力做適當的配置，自然能在波濤起伏的人生大海中，穩舵航行。

一輩子可以做的事情很多，其中真正重要的並不多，如果能清楚什麼是自己認定重要的，並持續做下去，十年、二十年，甚至五十年，成就的不只是數量的堆疊，更是具有重量的人生！

35　敬畏靈感，順應生命

　　寫文章最常聽到說：「需要靈感」，如果靈感來了，下筆有如神助，往往可以一氣呵成，似乎毫不費力；反之，腦袋有如當機般地罷工時，苦思不得，也許有許多想法湧現，但都不會有「對了，就寫這個！」的清楚肯定，如同在一堆混亂的線團中找不到線頭，此時，心裡會升起一股淡淡地慌亂，如果截稿期限迫在眉睫，壓力更是隨之襲來，每當如此，我知道著急也沒有用，愈急心愈亂，愈將自己綁得更緊，也許此時心靈是要告訴我：給自己一些空間吧！於是，我可能會去做些勞務，譬如：洗衣服、整理房間等，或者外出慢跑、曬曬太陽、無目的地閒晃，用意以時間換取靈感冒出的空間。

　　在我上課或帶團體前的備課，也有類似情況，有時找了好多資料，激盪出許多內容，甚至整理出好幾套教案，卻總覺得和自己距離好遠，心裡面一直無法發出「yes！」的聲音；而在演講、上課或進行團體時，有時也會覺得很「卡」，也許參與者沒有特別感覺，甚至也認為很有收穫，可是，自己很清楚剛才是硬撐到結束，過程中自己無法合一的狀態，還是讓自己很不舒服。

　　多年來的經驗讓我發現：生命的圓成有他自己的步調和脈

絡，每一篇文章、每一場演講、每一堂課、每一回讀書會……，都有屬於當次最完美的歷程和圖像，刻意為之，必然斧鑿痕跡處處。

　　我認為這是上天賜予最珍貴的禮物，不斷提醒我回歸學習的本來面目：「相信生命」，相信生命會在適當時機呈現最佳面貌，「靈感」就是生命在他自己選擇的時刻冒出的活水。

　　而當自己有所期待，認為該寫些什麼、說些什麼，團體該如何進行，成員必須怎樣參與或配合，卻無視於眼前的樣態和出現的訊息，只在乎自己期待的東西，其結果可能是自以為是的自得其樂，頂多只是「殘缺的拼湊」，缺乏真實的聯結。

　　人的直覺很真誠，他是內在智慧的線索或引信，他不是一加一等於二的純然邏輯，而是一種生命的本能，是動態的存在，如同上課、演講、寫文章覺得很順的時候，好像我只是一個工具，上天藉我的口說出來，用我的手寫出來，似乎完全不需要思考，就滔滔不絕地表達，過程中完全不知道自己還會說什麼，還會寫些什麼，只是活在當下，回應聽者此刻的「存有」（Being），或將內在真實的聲音化為文字。

　　這樣的經驗在我進行與人會談時，也經常出現，因為在我

面前的「生命」會說些什麼、會出現那些反應，我無法預知，也不能控制，因此，事前的準備也只是「但求心安」而已，唯有放下既有的框架與應該，學習與眼前的「生命」同在，和他同行，讓內在智慧順利運作，才是最省力的「技術」。

　　「生活」就是一連串的發生，順著發生的活著，自然能回歸生命本有的合一圓滿！

36 學會捨舊，才能更新

　　幾年前的一次課程檢討會中，我的老師說：「你以後帶小組時，不要再做那些活動了！」我當場愣住，心裡想：帶團體不是要先進行暖身嗎？如果不能做這些帶動，又如何讓成員順利進入情況呢？

　　老師看到我一臉狐疑狀，接著補充道：「你一開始帶的活動很活潑，一下子氣氛 High 很高，大家的心會變得很浮動，容易只停留在表面的交流，心不定自然不利深入探索，這會影響團體的深度。」

　　聽完老師的回應，腦袋認為很有道理，只是同時內在衝突的聲音是：如果不做那些我熟悉的活動，那要做什麼呢？何況那是我多年來最拿手，甚至引以為傲的「帶活動」功夫，今後若不能使用，一身好功夫豈不全被廢了？

　　會後我私下請教老師要如何進行較適當？他提供了一些方式和原則，果然和我之前的經驗和認知大不同。

　　之後的一段時間，我都處在高度掙扎中帶領著小組，也覺知到團體過程經常卡住而不順，幾度想要使用自己熟悉的「活動」，不理老師的提醒，而內心另一個聲音隨即出現：你不是要跟老師學習嗎？不就是和自己熟悉的不一樣，才更要下工夫

學習嗎？

　　終於，我說服了自己：先將過往熟悉的功夫鎖在抽屜裡，讓自己如白紙般地重新開始吧！

　　漸漸地，由陌生到熟悉，由刻意到順手，奇妙的是當感到比較自在時，鎖在抽屜被冷落多年的「活動」也自然復活，和當下的自己重新結合，呈現出不同於以往的面貌，形塑出自己的風格，也更深刻體會到帶「活動」和帶「團體」的不同。

　　回顧這個學習經驗，發現真正「更新式」的學習是一種「蛻變」的歷程，想要學會一樣新的東西，務必要能真正「捨舊」！

　　「捨舊」不是個技巧，而是「心法」。

　　我們對已擁有的很難捨掉，更何況是熟悉、自傲的「有」，也因如此「戀舊」的習性，就算想要灌入新的軟體，也會因空間不足而作罷。

　　因此，學習若是一種「蛻變」，即代表它是一種「質變」，必然會經歷不適應、不舒服的過程，而原本「學會」的「有」，既然已經是自己的一部分，就不用擔心會消失，如果它是有用的，自然會適時出現，滋養此刻新的學習，如同毛毛蟲結蛹到化為蝶，每個階段都是「捨」與「化」而得新生命的本然。

身處變化如此劇烈的「斷裂」時代，「學習」已成為日常的必要，尤其面對未知的「新」，更需要時時調整心靈空間，用類似全然相信的「臣服」心態，讓不同的觀念、知識、方法等新的學習有容身之處，如此，生命即能在持續更新中活得自在！

37 學習「隨遇而安」

　　出差到外地上課，不論是交通、住宿、課堂布置、桌椅安排等，都希望能符合自己的期待，只是，往往因各地人文背景、資源條件、承辦人員處事風格或能力等不同，而難盡如人意。

　　譬如：因班機時間因素，抵達上課地點時，大約上午十一點，打算先去用餐，餐後希望能先到飯店休息，以儲備足夠體力，來因應下午到晚上的課程。因此，請承辦人員與飯店聯繫，希望可以早點入住，承辦人打了電話後告知：「飯店表示無法配合」，承辦人也未再進一步協調或爭取。

　　又如：某機構因業務需要，工作人員需要經常出差，一年住宿某一飯店的房間數有一百間以上，我也經常應邀上課而過夜住宿，有一次聽到工作人員提到整年住宿費用是筆負擔，我稍加了解後，提議他可以依過往及未來每年住房總量，再和飯店有決策權的層級商討更優惠的價格，他則表示已經和櫃檯談過，就是這個價格。

　　依我過往處理類似狀況的經驗來看，這可能是承辦人員的公關、協調能力較弱，或者是處事不夠積極所致，同時，不論溝通、協調或談判，要找對人對話，也要說對話，才能避免無功而返。

另外，學習是一種整體的教育，上課環境也是學習的一環，我會希望教室中間有些布置（Decoration），角落也能擺設綠色植物，如果可能，全白的牆壁也可以有些裝飾，以增添色彩和生命力，讓人身在其中，感到空間是親和而有溫度的，自然會影響學習的動力與效果。

　　工作人員聽完我的說明後，似乎了解了，也表示會照辦，待我到教室後，看到的是幾盆小植物放在教室中間及角落；我有些失望，同時，心裡出現另一個聲音：相信工作人員已經根據他所理解的內容，盡力而為了！

　　面對這些點點滴滴的發生，若是回到十年前，我可能會主動去和櫃檯爭取，甚至要求和飯店高層對話，以獲得合理的對待，協助機構降低花費；而看到落差如此大的布置現場，我會自己去找可以運用的材料，甚至去採購，親力親為，以達到自己的標準。

　　反觀今天的我，則不會越俎代庖，耗費時間、體力與心力，甚至可能搞到沒有充裕時間休息，反而是選擇在教室一角，靜坐稍歇，養足精神，相信這樣才是自己當下的正道；同時，也學習用欣賞的眼光，去接受教室空間的另一種布置樣貌，更何

況多了幾盆綠色小植物，也比原先單調、毫無生氣的空間，感覺好很多了！

我相信不同的人生階段，會有不一樣的學習功課，所有的發生一定有它的用意，重要的是自己如何解讀和體會，如果一切都得合乎自己的期待，都要依照自己的標準執行，這會不會就是一種典型的「我執」？以致經常陷在饒不過自己的深淵中而不自覺，甚至還自以為是！

對我而言，這些難盡如人意的「發生」，似乎是要提醒我：「隨遇而安」吧！

38 新的一年，與自己重新和好

政治上、社會上、組織內、家庭裡、人際間……每天都有許多爭鬥，讓人覺得很煩，面對人世間紛紛擾擾的現象，我喜歡靜下來問自己：「到底在爭什麼？」

親子間的衝突是在爭分數、成績嗎？

夫妻間的爭吵是在爭輸贏嗎？

同事間的不滿是在爭對錯嗎？

政黨間的角力是在爭天下之利嗎？

每天東奔西跑，忙碌疲憊，是為了更多的財富、更好的名位嗎？

為了做好志工服務，認真學習、熱心參與，是為了幫助更多人嗎？

自己會那麼在乎這些外在的東西，會不會真正在乎的是自己的價值感，爭的是一個「尊嚴」？

分數、輸贏、對錯、財富、名位、助人……是我們真正要的嗎？

價值感、尊嚴對自己的重要性是什麼？

如果為了追求這些，而變得不快樂，煩惱纏身，值得嗎？

人活著，到底要什麼？

聖嚴法師一再提醒世人：「需要的不多，想要的很多。」似乎也呼應了「真正的貧窮不是擁有太少，是想要太多！」

人總以為「多」才是好，「大」才是正途，卻沒看到貪多想大正是煩惱的源頭，所以，聖嚴法師說：「能要、該要的才要。」

認清自己真正的需要，分辨能不能要、該不該要，除了要有清楚的理路，全面的觀照，還要有「自律」。

「自律」是一種功夫，一種自我節制的修養，譬如：我可以要十分，但是我願意只要五分，甚至全部不要，因為我知道：我並不是真正需要；又如：我對另一半有許多不滿，我可以肆意地發洩、指責，似乎對方一無是處，以彰顯自己多委屈、多想要被肯定，可是我知道我也有許多不是的地方，我的宣洩只會強化負面能量，讓彼此關係更疏離、惡化，這不是我真正的本意。所以，我可以適可而止，也願意將力氣放在回看自己、檢視自己，甚至去看看對方那些行為背後可能的用意與對方可能的無奈或無知等等；正如同《約翰福音》第八章中提到：文士和法利賽人帶著犯了通姦罪的婦女，在要用石頭打死她之前問耶穌說：依照律法要將此婦人用石頭打死，你說該把她怎麼樣呢？耶穌卻彎腰用指頭在地上畫字，他們一直問他，耶穌就

直起腰來對他們說：你們誰是沒有罪的，就可以先拿石頭打她！聽完耶穌的話，他們一個一個都離開了。

當我們能夠回來自省，更清楚的看見自己，就是「自律」的開始，也代表開始有能力管理自己，這是一個關鍵的轉捩點：當我們看清對自己真正最重要的是什麼，明白過去那些堅持的「要求」是如此的主觀、偏頗卻不自知，一股懺悔熱流自內心湧現，默默地放下曾有的自以為是，於是，許多盲點豁然開朗，讓自己與自己有了新的關係，自然與周遭的關係也開始變化，甚至是戲劇性的變化。

一旦能夠回到最單純的關係，惱人的負擔瞬間消逝，輕鬆隨之而來，心也柔軟了，人也開始有了溫度，滿足感油然而生，望眼周遭還活在盲目追求與紛擾的辛苦生命，不再有怨、有氣，反而是一絲絲不忍與不捨的悲憫。

親愛的朋友，在這新的一年試著幫助自己，每當不如己意或負面情緒升起、蔓延時，及時自我提醒，給自己一些時間與空間，問問自己：「我到底在爭什麼？」「我真正需要什麼？」「我這樣做真正快樂嗎？」「我這樣做別人也快樂嗎？」。

生命的好消息就是：在成長的過程可以持續與自己重新和好！

39　新選擇：無為之用

　　當你相信眾人的智慧，你就會有耐心去鋪陳、等待，欣賞智慧蘊發的歷程。這個歷程是經由流動、匯集，在持續激盪中迸發出火花，過程中忽暗忽明，起伏不定，難以掌控，但是，只要相信，終會有亮光閃現！

　　曾經在某個機構進行個案研討時，就再次經歷如上的過程，我事前只知道要討論機構服務的個案，而沒有任何該個案的具體資料。當天早上，要出門運動時，我和太太說：「我們運動完一起去吃早餐、喝咖啡。」她問我：「你有時間嗎？待會兒要去上課，不用準備嗎？」我說：「只要帶一雙願意傾聽的耳，一個清醒的腦袋，以及一顆開放、自在的心就可以了。」「這麼輕鬆？」「是啊，我只是一個工具，有時像面鏡子，如實映照所知、所感、所惑，有時則似順水行舟，依著當時大家發出的意識流動，自然能順勢而為，甚至借力使力，讓當下的直覺反應，在此同時，知覺也會啟動，就能適時回應，及時提問激盪、深探，就成了。」

　　之所以能如此，不是我有多神奇的魔法，而是，我愈來愈清楚生命的本質：一方面它是流動、變化，難以掌控，一方面，只要你真心相信，生命有它自己的地圖，終會找到適合的出口，

走出屬於自己的脈絡；面對這樣的實相，如果我還想控制，還要先編一套劇本，期待照本宣科，過程中就要很用力，甚至要費力地排除各種可能卡住的障礙，也許刻意的結果是依照原訂期待演出，大家也分享一些感受，表達某些意見，似乎也有一些成果或收穫，但是，這樣的結果似乎總是不那麼真實，少了生命自發的動力與流暢感，畢竟，被扭曲過的生命只是暫時配合演出，生命沒有真實的參與其中！

　　經歷愈來愈多與人、與群的互動，愈看見自己的不足與無知，只能一再提醒自己時時要謙卑地面對所有的發生，敬畏每一個與我有緣交會的生命，只有我愈開放、愈願意接受各種可能，生命自然會教我許許多多美好的東西。

　　我也曾經努力控制同事、朋友、學生、親人，以及所帶領的團體，似乎在我嚴肅、嚴厲，加上認真的要求中，他們也都做了配合，我很得意自己做得很順手，只是事後卻常感到失落，怎麼在過程中說好的、激盪出的「共識」，沒多久就沒人在乎了？

　　回顧這樣的歷程，自以為是地自認聰明、能幹，卻看不見多少生命被壓抑、多少創意被否定、多少活力被澆熄，記得當主管時，還自鳴得意地向部屬表示：「你們現在做的，我早就

做過了，而且，還做得比你們好！」也曾向朋友訴苦：「現在的主管能力都不足，都不夠格……」「年輕人都不夠認真……」「有些學生沒有學習動力，帶不動……」。

的確，當我們只相信自己，只認為自己最厲害、自己最懂，自然沒有容量去接納與自己不同位階、不同背景、不同角度，甚至不同程度、不同生命階段的聲音，也無法耐心等待，以欣賞的心情，傾聽生命正在醞釀的美好訊息。

當我們急著看到成果，急著趕到終點，不只看不到沿途美景，也會不自覺地將同行的夥伴當作達成目標的工具，為了有效完成，就會運用諸多控制手段，卻也在看似達標，完成任務的同時，不知不覺失落了最可貴的「人性溫度」。

有為，有所為，刻意作為，似乎是現代人的唯一道路：為了孩子好，父母要想盡辦法送孩子讀最有名、最貴的學校，課後時間也要排滿補習、才藝；為了績效，老闆、主管要設定KPI（關鍵績效指標），要依循 SOP（標準作業流程），連大學老師也被要求教學要遵從校方設定的指標，而追求個人成長者，更是要趕上最時髦、流行的課程……。

這一切會不會是我們不相信：每個人、每一個團體都有自

己的步調與速度，都能舞出屬於自己的生命情姿；而更深一層可能正是反映內在深處對自己，對生命的信心不足？

活著，一定要刻意有所為嗎？

要「有用」，只能有所為而為嗎？

也許，「無為」是生命另一種面貌，是對生命投以信任票最自在的答案！

新的一年，願「無為」也是一種新選擇。

附錄 Appendix

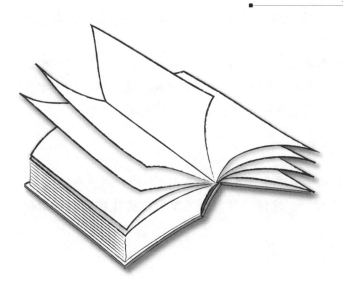

01. <u>高效閱讀</u>與解讀的法門

「書這麼多，要怎麼讀？」

「買書的速度永遠跟不上出書的速度！」

「讀完的速度也跟不上買書的速度！」

「唉，買書容易讀完難啊！」

「有時讀完容易讀懂就更難呀！」

「常常是讀了後面就忘了前面，可說是『讀過即忘』啊！」

現代人面對這些「資訊焦慮」的現象，有什麼因應的可能呢？

可不可以少讀一些，慢讀一點，或者調整讀書的習慣，改變閱讀的方法？

尤其是身為推廣閱讀的教育工作者，自己可以如何更有效的閱讀？同時，也可以協助學生、讀者稍解閱讀的焦慮與困境？

以下提供些許線索，也許有助大家共尋解困之道。

一、閱讀的形式

讀書雖是很個人的事，卻可以有三種不同的閱讀形式：

首先是「看」，就是「看書」，拿一本書直接閱讀，這是

自己就可以進行的閱讀，又可稱為「個讀式」。

此種形式的閱讀在時間安排與速度上，較可以自行安排與掌控，可是，也因為完全靠自己，遇到讀不懂或自律性較弱時，閱讀的效能可能就不如預期了。

其次是「聽」，即「聽人說書」。

最常見的就是讀書會中的「導讀」，經由導讀者的介紹與解說，直接了解書的內容與重點。

對忙碌的現代人，此種形式不失為具有便捷性的閱讀方式；然而，如果只有聽講，少了思考與消化，可能也只是「聽過」而已，萬一導讀者斷章取義或以偏概全，恐怕聽到的只是糟粕而已。

因此，若能先「看」再「聽」，或「聽」後再「看」，效果可能更好一些。

第三是「說」，將所讀、所思、所感、所知，表達出來，說給他人聽，這也是讀書會最寶貴的學習方式：「討論」，經由交流，貢獻「己知」，進而匯流成「共知」，這種「共讀式」的閱讀，往往會激盪出不可思議的智慧火花。能將閱讀所得說出來，除了對他人有貢獻外，也是重整自己閱讀理解程度與檢

視閱讀品質的契機，而能聽到他人見解與分享，也有助於擴張理解廣度與強化解讀深度。

　　閱讀的三種形式，「看書」可以自己完成，「聽書」需要依賴他人，而「論書」則涵蓋了「看」、「聽」、「說」三者，這種大家一起「共讀」的形式，可說是較完整的閱讀。

二、理解與記憶

　　思考內涵包含：「概念思考」與「圖案思考」，前者是抽象的，後者則是具體的。抽象概念經常產生片段的理解，而具體的圖像則會產生整體的理解。

　　人類具有四種學習能力：直覺力（感官直接反映的能力）、知覺力（見形象而生意義的能力）、概念力（不見形象而生意義的能力）與創造力（舉一反三或無中生有的能力），前兩種是屬於整體了解的能力，也是學習過程最早具有與發展的能力。因此，閱讀時若能先掌握整體結構，再理解內容重點，等於是先對材料產生整體的圖像，再進一步去了解抽象的概念，這將有助記憶與理解。

　　尤其年事漸長，常嘆記憶力大不如前，所讀容易忘記，這

往往是直接跳入內容閱讀，缺乏先對材料整體來龍去脈的理解與掌握，只產生點狀閱讀的片段了解，自然就難以獲得完整的理解與深刻的記憶了。

因此，由閱讀到記憶，是要經由「解讀」、「思考」與「理解」三個過程才能完成。

三、對話式層次閱讀

如何「解讀」、「思考」與「理解」，以增進由閱讀到記憶的成效呢？

也許經由下述的四個層次，不斷與材料、作者、自己以及真理對話，可以有助於將客觀的材料與知識，深化為讀者自身內在的知見與智慧。

第一層次是「知道」

閱讀過程要問：「材料『在說』什麼？」，每當閱讀了適當段落後，要停下來思考這個問題，並找到自己滿意的答案。這是屬於客觀了解的階段，利用這個問題驅使自己不只讀過材料，還要讀懂表層、直接的意思。

第二層次是「理解」

　　了解表層意思後，接著可以問：「材料或作者 『要說』什麼？」，此即要去探討文字背後的用意或更深層的意涵，幫助我們進入深層解讀的境界，也是要由表層讀懂到真正讀懂的層次，過程中需要不斷揣摩、思考與體會材料整體脈絡的發展與作者沒有直接寫出的寓意，因此，此層次是需要用「心」閱讀的。

第三層次是「收穫」

　　有了前面兩個層次做基礎，接著問自己：「我由其中得到什麼？發現什麼？甚至有哪些質疑？」，這個層次是要將前面的了解與自己的已知、經驗等聯結，經由沉澱與應證，讓自己由所「解」中有所「得」，真正能由閱讀與解讀中增長知識、加深體會，甚至有所啟悟。

第四層次是「發展」

　　閱讀的終極若能為己所用，將產生提升的功能，因此，最後可以問：「我可以如何運用、活用所知與所學？」。此層次

的閱讀是有助鋪陳將閱讀所得化為行為或行動的催化劑，讓每一次的閱讀都再次強化生命發展的動力。

這四個層次讓閱讀過程可以有序的經由「消化」→「轉化」→「內化」到「活化」，讓閱讀成為生命對話的自然過程。

四、結構閱讀法

從小到大，校內、校外的書不知讀了數百上千本，各種課程也上了一、二十年，唯獨不曾被教到「如何讀書」，似乎假設學生們天生就知道讀書方法，只要教會認字，就會讀書，就懂得抓重點；問題是：重點往往靠考前老師的提示，學生只是被動的記憶，經常掌握不到全文結構，也抓不到重點；久而久之，只學會「吃魚」，不太會「煮魚」，更不用說「捕魚」了。

那要如何掌握材料的「結構」與「重點」呢？

「結構」就是要了解文章的「來龍去脈」，可先看每一段的前一、兩句，抓出「邏輯字」或邏輯關係，快速將全文分成幾大結構，接著，再進入每一大結構內去了解內容重點。

如果將文章看過就明白文意，也知道重點是什麼，那就不需要特別使用方法；如果是看了半天找不到重點，或遇到較複

雜的內容，一時釐不清要點，也許可以先練練幾個基本功：

　　首先，作者往往會將其重點用類似的文字重複的敘述，如：「……要時時與你為伴，……要不時翻閱……」；其次，同樣的字會一再出現，表示是作者要強調的「關鍵字」，例如在《讀書會結知己》（64—65頁），「文字」此兩個字就出現了九次；另外，可以由相關的「邏輯字」來判斷重點所在，如：「在……之前，先……」，重點是在「先…」的後面，又如：「雖然帶領人可以……，但是在過程中要……」，重點則在「但是」之後。

　　還有一種方式是：如果要將此段的文字刪掉，有哪些字是不能被刪的，意即哪些字若沒有了，文意就變了或看不懂了。

　　這些基本的方法可以幫助我們較易找到重點，一旦能掌握到材料重點，再配合整體邏輯結構，全文就容易掌握了。

五、共讀帶領人的定位

　　身為共讀帶領人，並非要直接講述或教導讀本內容，而是發揮「催化」與「引導」的功能，運用前述的觀念與方法，讓參與共讀的成員們都能在「共享閱讀樂趣」中，自然「提升解讀能力」，進而「開啟思辨智能」，使接觸閱讀、參與共讀的

成員們不只「喜歡閱讀」，更能「有效閱讀」與「深度閱讀」，讓閱讀化為生活的一部分，生命因有閱讀而更豐富、自如！

註：有關更詳細的閱讀與解讀材料的步驟、方法可參閱拙作《讀書結知己》的第二篇第二章，以及《嚮往美感的讀書會》的輯 2〈材料解讀的經緯〉。

02. 同理心改革社會

　　當你看到有人在正午大太陽下撐著售屋立牌站在街角，汗水流在面無表情的臉龐上，你若會感受到他的辛苦、無奈，那正是你內在同理心（Empathy）的自然反應，讓你能覺知到對方的狀態；又如你在為心愛的人挑選禮物時，是會以自己的喜好為準，還是會想：和他類似的人可能喜歡什麼？什麼禮物能讓對方開心？我相信絕大多數人都會站在對方立場設想，這也是同理心在日常生活中的展現；如同羅曼・柯茲納里奇在《同理心優勢》書中直言：人與生俱來就有同理心，每個人的內心都住著一個具同理心的人！

　　而現實社會卻面臨美國前總統歐巴馬曾經提到的「同理心赤字」的困境，為了避免社會持續惡化，我們可以注入更多關懷與了解的元素，讓人們生活的世界充滿彼此感通的動能；問題是：人習慣活在自己熟悉的世界裡，常以自我為中心進行思考、判斷而不自覺，尤其二十世紀後半發展的自助心理學強調自我成長與療癒，讓人更專注於探索自身的感覺、經驗和需求，無形中會走入個人主義、唯我獨尊的漩渦中，而忽略了這是一個群體共生的世界，要讓自己活得更好，尚須廣泛接觸所處的環境，多多了解他人的世界，以避免主觀的偏見，甚至是自我

感覺良好的自戀傾向，因此，《同理心優勢》的作者提醒：我們需要由二十世紀的「內觀時代」（Age of Introspection）跨向二十一世紀的「外觀時代」（Age of Outrospection），從中尋找往內與往外觀看的平衡，而外觀時代的核心就是「同理心」，亦即能夠了解對方的感受與想法，以調整自己善待對方的方式。

記得早期開始學習同理心時，授課老師經常強調：同理心是一種態度，不是技巧，真正的同理心是發自內心的自然展現，而非刻意的行為，經由自己多年的體會與觀察，的確就像《同理心優勢》作者羅曼・柯茲納里奇的發現：「高同理心人士會努力養成六種習慣，也就是一種態度或日常做法……使他們理解其他人怎麼看世界」。

因此，要培養同理心可以由有利同理心成長的習慣開始養成，例如：提醒自己，任何人都有和自己一樣的人性基本需求，就像一位你討厭的人，當他肚子餓時，也會想要吃東西，當他為了逗他的孩子開心，他可能會做出誇張的動作等等，這就是運用書中所提「想像他人人性」的方法，可以化解既有的成見，開啟願意多一些了解的善意之門，或者想想眼前這碗飯是經過

哪些人的努力，才讓我可以享用，腳上穿的球鞋可能在哪個工廠生產，那裡的工人生活條件又是如何，他們若是在惡劣的環境下工作，我似乎也有責任，這樣的思考能夠「深化對全世界人類的關注」，將會引導我們站在不同的人，甚至遙遠的人們的角度來思考、體會，甚至行動。

世界很大，我們不可能走遍每個角落，人類種族繁多、文化殊異，價值觀、生活習慣也各不相同，如何增加對如此多元現象的了解？

也許看電影是一種直接又快速產生感同身受的方法，《同理心優勢》書中提到觀看「潛水鐘與蝴蝶」，可以讓觀眾感受到身陷全身癱瘓之苦是何其難以承受；而閱讀寫實小說也可以讓讀者「站在與自己截然不同的人那邊，思其所思、感其所感，從而擁有更寬廣的同理心」，書中也提到心理學家平克認為「閱讀是轉換觀點的技術」；而拜科技之賜，我們可以經由網路了解陌生的資訊，也能透過網路通訊，和遠在天邊的人們互動對話，快速了解，拉近距離。

當愈來愈多人能從他人眼光看待世界，同理心將不只對人與人的互動有幫助，羅曼・柯茲納里奇強調它更是「一種集體

的力量，可以轉變社會與政治風貌……甚至改變整個世界」。
的確，一旦一大群人共同設身處地為別人著想，這種「群體同
理心」，將產生很大的影響力，甚至能推動社會產生革命性的
變革！

03. 回歸「尊重生命」的本質

　　「教育是百年大計」，意謂著教育的影響深遠，也代表教育不是看眼前而是著眼長遠的規劃，重視過程甚於立即的結果。

　　只是這樣的概念，一放到學校教育似乎就變成考試與成績的現實，如果分別請教家長、教育工作者以及學生：「你喜歡學校的教育就是在考試與拚成績中進行嗎？」相信得到的答案都是一致的「不喜歡！」再追問下去：「既然不喜歡又怎麼會變成這樣呢？」家長可能說是社會競爭因素，老師會說是家長及學校行政的壓力，學生會說是被老師要求，於是，大家就活在「因為別人所致」的死胡同中。

　　面對這樣的現象，是誰讓問題不斷持續發酵？誰該負責任？

　　是「『我們』所有的人」！嚴長壽在《教育應該不一樣》一書序言中即直指：這是一個大家都有責任的「共錯結構」，沒有人可以逃掉。因此，只有大家願意由自己的問題著手，在承擔責任中才能開展改變的可能。

　　譬如說「家長」，可以先檢視自己會不會過度重視「分數」，擔心孩子輸在起跑點，而忽略了人格與生活教育，抹剎孩子學習的樂趣，以致無形中要孩子追逐如《教育應該不一樣》書中

說的「速利」、「速成」、「齊一」、「從眾」的人生？而家長最在乎的分數、考試，嚴長壽在書中認為：分數代表現在的知識，不能預測未來的表現，而考試也考不出熱忱、責任心、溝通力、使命感，或藝術、教養等內涵。其實，每個孩子都有其獨特的潛質，家長如果願意多花心思幫助孩子探索自己的興趣，發展自己潛在的能力，孩子自然能在自信中找到可以發光發熱的領域，因此，嚴長壽提醒家長們：若能放手，孩子才有空間放膽追求自己的一片天。

而身處教育最前線的老師，不妨問問自己是否如書上說的：「被標準答案給綁架了」，是否忙到忘了「從考卷堆中抬起頭、好好觀察學生」，多多了解眼前這些活生生的「人」，又有多久沒有輕鬆地和學生聊聊生活、夢想，觀照他們的心情？畢竟如果只用分數評斷，只用排名競爭，贏家常是少數。也許面對如此現實的體制與教育環境，有熱情、有使命的老師需要經常複習當初投身教職的「初衷」，提醒自己最具價值的角色與功能是如書中借用詩人葉慈的詩句：「教育不是裝滿一壺水，而是點亮每個孩子心中的蠟燭，讓他發光、發亮」。

人生充滿了未知與不定，標準答案常常不管用，因此，最

有價值的教育不是直接給答案，而是培養找答案的能力、學會找答案的方法。如果家長、老師、學生都能鬆綁對教育的刻板認知，生命自然會找到自己的舞台，展現活潑、多樣的面貌，教育才能回歸「尊重生命」的本質！

04. 身教是活教材

　　晚年總會面對兩種現實：病痛與死亡。前者讓人不舒服，甚至難熬，後者則令人擔心害怕。而生命的實相是：不論你喜不喜歡，要或不要，它都會發生；因此，當有人說：「在晚年裡，我所遇到的人，我所經歷的事，都是那麼可愛。」你可能以為此人的晚年非常順遂、健康，接著他說：「如果有些不甚可愛的人，不甚可愛的事讓我遇上了，還是覺得可愛。因此，我的晚年是非常美好的。」可見他也會遭遇不順的人與事，只是，他還是「覺得可愛」，這種朗透的人生觀正是聖嚴法師為自己的晚年下了最美的註腳。

　　一個人的偉大有兩個層面：一個是成就了許多豐功偉業，另一個是在日常生活中處處有不平凡的展現，前者的具體成就顯而易見，後者則要由其實際生活中的點滴去體現。

　　譬如面對進開刀房，一般人是恐懼的，而聖嚴法師是：「我已做了最壞的打算……。手術前一日，我的內心非常平靜，經常觀想『心經』所講的五蘊皆空……。當我被送進手術房，只覺得每位醫護人員都是菩薩，都在救人性命；我也祈禱，願所有進開刀房的的病人都沒有怖畏恐懼……」；當面對傷口劇痛時，「反正痛是身體在痛，不是我在痛……，我在欣賞痛。還

是很痛的時候，就是面對它，接受它，也不去處理了，就是放鬆身心，讓它痛吧！」，這種「與痛同在」的態度，讓我們與痛產生了不同的關係，也因為關係有了變化，對痛的感覺就不一樣了。

對於親人的生離死別，我們有時會難以釋懷，在《美好的晚年》書中聖嚴法師提到：<u>人生像是搭公車，有人一、兩站就下車，有人一路乘至終點，真正共乘的時間並不多，人生就是這樣！</u>

我們常因執著一點而難以自拔，聖嚴法師以周延的全面觀點亮我們看見全貌，也直透人生的本質。

而對於自己的死亡，「如果有任何人從迷信的起點來建議我，我都是不接受的……。任何一個凡夫身，最後一定歸於空幻，不可能還留有什麼金剛身、法身……，在我身後，沒有任何一樣東西可以留下。」這是最直接的身教，也是踐行「成住壞空」的活教材，更是弘揚正法的典範。

豐功偉業的偉大往往是由眾多無名英雄共同成就，而由一人代表；相對地，一個人的人格卻是在平凡的日子中，對所有的發生產生反應的實際狀態，它是最真實、最立即、最具個人性，也因為最實際、最人性化，其影響力更能無遠弗屆。

05. 活化思考，開啟潛藏

　　教育的本質是肯定每個生命都有其個別的價值，教育的目的則是開啟每個人內在豐富的潛藏，「教學」只是教育的手段，而非教育的全部。因此，教學本來就不應該以灌輸知識為主，而是協助學習者去探索自己與外在世界，經由嘗試、發現、了解等過程，一方面將自身內隱的知識與能力開發出來，同時也能建構出新發現的知識，提升原有的能力，甚至發展出新的能力。

　　這樣的教育哲學基本上將每個人視同一顆種子，而非一張白紙，種子內蘊無限生機，只要有適當的陽光、空氣、水分和土壤等養分，他就會在適當時機萌芽、成長、開花、結果；也就是說，生命本來就有其成長動力與學習能力，「啟動」才是教學的核心，讓學生在主動覓食中學習，成為真正學習的主人。

　　最近很熱門的「翻轉教學」，是請學生先預習再來教室進行討論、演練與解惑，老師的角色由傳統的「餵養」知識，轉為提供刺激、協助整合、補充輔助的催化、陪伴、組織、引導、解惑等功能，其中最重要的是「以學生為中心」，而非以「教材」或「老師」為中心，一旦能如此，就可以看到學生的現況，因材而施教，如同宋慧慈老師在《啟動孩子思考的引擎》書中提

到的：「『教也者，長善而救其失者也』，是我擔任教職三十年的最高指導原則」。

　　當今科技進步讓知識取得十分便利，加上各個領域發展快速，知識的半衰期變短，因此，培養學生學習的能力，以及「學習如何學習」的能力，才是教學的重點，也是老師的主要職責。

　　沒有人無所不知，無所不能，因此，在教學中老師也是學習者，如同《禮記・學記》：「……故學然後知不足，教然後知困。知不足，然後能自反也；知困，然後能自強也，故曰：教學相長也。」一位能知不足、知困的老師，就會去找解方，在《啟動孩子思考的引擎》一書作者提到，當她發生「如何能教學相長」的困頓時，她遇到了我的恩師陳怡安教授，開始接觸「意識會談法」，將其中「四層次提問法」運用在其教學中，她發現這種強調「共同討論」與「合作思考」的「對話教學」，能帶領學生「從簡單的交談到深度的對話與思辯……，促使學生的思考歷程透明化，再藉由理念和經驗的分享及批判，洞悉並理解個人的經驗，進而建構新的知識。」

　　我在教學現場也時時在使用這樣的對話教學，只要由學生熟悉、切身的部分開始，學生自然願意也敢開口，再依序引導

進行對經驗的應證或觀念的詮釋，學生都能積極參與，整個過程不只學生在進行消化、反思、統整與創新的學習，我也常有新的發現與收穫。

宋慧慈老師提到：這個方法是運用陳怡安教授提出的人類四種學習能力：記憶、覺受、詮釋與創造，進行四個層次的提問與討論。她剛學到這個方法後，檢視了當時任教的自然科紙筆測驗，發現幾乎都是「記憶性」內容，她說「當場嚇出一身冷汗」，接著又檢視「美勞領域」，發現這種沒有進度、考試壓力的課程，竟然也沒有培養學生記憶力之外的其他三種能力，她頓覺汗顏，因此，決定運用四層次對話方法來啟動學生的思考引擎。

的確，「思考」在學習過程扮演關鍵的角色，它能將別人的知識、經驗轉化為自己的內涵，更能幫助自己有意識地覺知內在的感受、認知、經驗、價值等，進而經由映照、詮釋、整合，產生新的啟悟。

思考能力的活化即是學習的源頭活水，讓我們活化自己的思考力，也開啟家人、朋友、同仁、孩子、學生的思考能力，如此，人人皆能在發現自己豐富的潛在中，持續快樂地學習！

06. 結束是開始的前奏

　　人生就是一連串變動的過程，有生理的變動，如：由嬰幼兒、兒童、青少年到成年、老年，有角色的變動，像是由學生變老師、孩子變父母、職員變主管、情人變夫妻等，有情境的變動，譬如畢業、失業、搬家、小孩出生、喪親、再婚、空巢、退休等；這些變動都會對我們產生各種影響與挑戰，有時候能順利度過，有些情況則難以翻轉，似乎身處變過動程中的我們，常常只看到外顯具體的變化，著力於外在變化的因應，如：針對退休生活安排各種休閒活動、培養一些新的興趣，以填滿空閒時間，而忽略內在心理調適的重要，以致形式上是過著充實、悠閒的退休生活，而內在卻經常湧現失落、空虛的負面感覺。

　　「今天，很多人把改變（change）和轉變（transition）混為一談。」《轉變之書》作者威廉・布瑞琦認為：「『改變』只是外在的……，而『轉變』則是內在的心理變化。」「如果只是改變而沒有轉變，就如同只是將儲藏室的東西變換位置一樣，除非轉變發生，否則改變對你的人生起不了多大作用……」，這樣的觀點似乎提醒我們檢視自己：面對人生的變動，我只處在外在形式的改變還是有在進行內在實質的轉變？例如：婚後常常抱怨另一半，因他不再像談戀愛時那樣時時細

心呵護我;我換了工作,當上主管,卻還一直懷念之前擔任老師時的單純,以致無法與同仁融為一體;我已進入老年,每當看見臉上皺紋、頭上白髮,就很懊惱、喪氣,經常會去購買相關保養用品,期待「凍齡」就此開始……;因此,《轉變之書》認為:「秋天來了,就別硬要葉子留在樹上」,「轉變真正的重點,不是外在環境的改變,而是……你必須打從心底放下原來的自己,然後從新環境中找到一個全新的你。」

至於如何讓轉變發生,威廉 · 布瑞琦提出要經歷三個關鍵階段:結束期、過渡期與新生期。也許每個人經歷的轉變內容有所不同,但是,大致都會經歷書中提到的:放手的痛苦、陷入深淵的無助,以及努力重新站起等歷程。

人是習慣性動物,一旦習以為常,不自覺就成了習性,當需要向它告別時,舊有的東西往往會「剪不斷,理還亂」,以致會害怕結束,有時則是理知上知道要做個結束,但情感上卻做不到,於是,乾脆逃避,裝作積極的面對未來,如同書中的例子:「我不想和你們討論我的過去,我只關心現在和未來。」,畢竟,現在的我是由過往點點滴滴累積而成,想要順利開展新生命,需要認真清理過去,勇敢面對「結束」這個課題,就像

書中的比喻：「在堆滿舊有習慣、態度與想法的土壤上，是無法長出新生命的。」

　　過渡期像是樂曲中的休止符，讓生命有了暫歇的時間與空間，有時會進入渾沌的狀態，甚至處在迷失方向當中，如同書裡面指出的「會經驗到無止境的空虛感」，而這正是生命重新滋養的契機，只要靜觀植物的演變，就知道凋謝與新芽之間不是瞬間的關係，同時，這一段特別的時空正好讓我們有機會整理與看清楚一路走來的人生變動，也許「在回顧中，發現過往以為真實的生活，如今卻是如此虛幻，進而產生一種非凡的洞見。」

　　在過渡期的某一個機遇，我們將會出現一種嶄新的角度或特別的感受，似乎一切都清楚了，許多障礙也霎時消失，似乎像是書中寫的：一把對的鑰匙，門被打開了，你自然地走了出去。

　　生命的軌跡從來不是直線向前，而是「一連串螺旋式上升的迴圈」，每個階段都需要經歷結束與開始，而每個結束都是另一個開始！

07. 開啟婚姻生活的契機

　　形式上，婚姻是兩個個體的結合，實質上，卻是兩個活生生的生命體的交會。

　　生命是個過程，個體也在過程中成長，而成長過程的諸多因素也點點滴滴涵養了個體的內在，形塑了個體獨特的樣貌，這些因素包含：家庭教養的價值、各方習得的知識、社會主流文化的薰陶以及自身內在的個性等。

　　由此觀之，兩個獨特的個體要共同生活，勢必會產生摩擦，甚至衝突，因此，可以說婚姻是一段學習的歷程，學習如何與另一個不同的生命親密又和諧的共處，也讓彼此有機會更認識自己。尤其是在有不愉快的事件發生時，對方與自己當下的反應正是了解彼此的好時機，如同任兆璋修女在《共脩此生》書中提到：「婚姻是成長的機會，每個人終究要進入各自的背景去成長……每個家庭有自己的傳統、習慣，也有其文化與獨特的教養方式。」

　　譬如當感受不到對方的愛時，就會覺得很失落，甚至以為對方不愛我了；而事實上可能是彼此表達愛的方式不同，每個人都用自己習慣的方式生活與反應，卻未發現彼此成長的背景是如此不同，一直活在「自以為是」的世界看待對方而不自覺，如此主觀的判斷常常導致愈看愈不順眼，甚至關係愈來愈疏離，

因此，如果能夠開始去了解雙方的背景及過往成長的經驗，將會發現原來彼此只是用不同的方式在愛對方，也因清楚對方的期待，可以適當地調整自己，讓對方感受得到自己的愛。

另外，婚姻生活中最常發生的「溝通」問題，也是學習的契機，在《共脩此生》中任修女認為：「夫婦要能溝通，首先必須學習覺察與認識自己的感受。」感受是一股力量，直接影響人的反應，在溝通中常見的模式是：「接收到刺激就產生反應」，似乎刺激與反應間是一種直接的關係，事實上當刺激出現時，人的內在立即對此「刺激」進行「詮釋」，而此「詮釋」又馬上產生「感受」，接著「感受」會促動某種「意圖」，最後才出現具體的「行為反應」，其中一開始的「刺激」與最後的「行為反應」是具體的、外顯的，「感受」則是個人主觀的反應，而過程中的「詮釋」與「意圖」因是內隱的歷程，往往未能覺察。因此，若能從面對客觀刺激時產生的「感受」去了解其背後的「詮釋」內涵或系統，將有助於了解該感受的來源，就像任修女在書中表示：「感受是個體對事件的經驗所產生的積極或消極的反應」，亦即「想法」影響「感受」，而「想法」又常受經驗影響，也是過往學習的結果；一旦覺知感受的來源，

就可以避免掉入情緒化的行為反應，而能針對影響感受背後的這些想法、經驗或觀念等「背景值」進行真誠的內在對話。

　　婚姻生活就像一面鏡子，隨時映照出自己的面貌，而當下的面貌是受過往生命歷程的影響，因此，學習去了解並接納彼此背景所產生的影響，將讓婚姻生活開啟成長的契機！

08. 歡喜或生氣是一種選擇

　　人人皆知「生氣」不好，卻又常常「生氣」，似乎生活中充滿了讓我們生氣的因子：可能是別人的一句話，一個非意料中的改變，或者發生了讓我們覺得很不合理的事情等等。

　　人為什麼會生氣？甚至是「愛生氣」？

　　「大部分人並不明白什麼是生氣！」蘇曼那沙拉長老在《佛陀教你不生氣》一書中，開宗明義地提出這樣的看法。

　　他認為：生氣和歡喜都是由心底驀然湧升的一種情感，當生氣竄升的那一瞬間，歡喜就消失了；可見生氣是很不划算的一種表現，不只身心承受痛苦，也讓歡喜離我而去。

　　人活著，不就是要追求「健康」、「平安」和「快樂」？卻因剎那間湧現的負面情感——生氣，這三樣東西立即消失無蹤，怪不得蘇曼那沙拉長老說：「一個生氣的人就等於四處向他人宣告『我是個笨蛋』。」

　　既然生氣和歡喜都是一種情感，這個情感是如何產生呢？

　　人會對刺激產生反應，可是同樣刺激卻會因人而有不同的反應，可見這之間存有某個機制在影響人對刺激的反應，《佛陀教你不生氣》認為：情感的萌發源於個人選擇如何認定外在的發生；如果認定是好的，是接受的，就會產生歡喜的情感，

反之，認為它不好，對發生的認定是抗拒的，則立即出現生氣的不悅情感。書中又提到：看到一朵美麗的玫瑰，心中會產生愉悅的情感，閉眼再張開，看到花瓣上有隻蟑螂，頓時心底湧現「好噁心」的負面情緒。如果換做是一隻雞，看到蟑螂會很開心，因為「美味當前」，反而看到只是一朵玫瑰花，會很失望；由此可以了解會出現何種反應的關鍵是自己的認定和選擇。

因此，若要升起正向的「歡喜」情感，避免負向的「生氣」情感產生，就要學習改變或修正想法。

生活中許多想法都易導致生氣的發生，如：「只有我是對的」、「錯在對方」、「我被忽略了」、「我被誤解了」、「我被欺負」、「要不是他耍手段，我一定會贏」等，另外一種情況是：不斷重複回憶他人對我說過討厭的話語或做過讓我不愉快的事物，結果自然會產生如同書上說的：如果一直想著這些不愉快的事情，心中只會竟日苦悶，充滿怨恨與煩惱，蘇曼那沙拉長老提醒我們：「當怒氣漸漸膨脹擴大，在還沒毀滅他人以前，已經先毀滅了自己」。

這一切的源頭往往來自以自己為中心的「我執」，對人對事都以自己的角度與高度來看待，以自己的價值觀為唯一的判

定標準，進而產生「我很重要」、「我必須被肯定」、「我的決定是最好的」等想法，這些想法就是如書中提到的「妄想的思維」，容易讓人掉入充滿成見的自我框架裡，讓我們變得無知，而汙染對事實與真相的了解，一旦遇到外在挑戰或攻擊，立即產生憤怒的反應。

　　人是有高度自覺意識的生命體，今天起要歡喜、幸福，還是要活在生氣、痛苦中，要如實面對自己與他人都不完美，單純地接受一切的發生與結果，還是要緊抱著充滿「我執」的成見，請自己做決定吧！

愛‧學習
002

共讀美好的對話
開啓修心之門
Let's
Have a
Heart to Heart

作　者	方隆彰
總　編　輯	賴瀅如
編　輯	蔡惠琪
美術設計	蔡佩旻
出版‧發行	香海文化事業有限公司
發　行　人	慈容法師
執　行　長	妙蘊法師
地　址	241新北市三重區三和路三段117號6樓
	110臺北市信義區松隆路327號9樓
電　話	(02)2971-6868
傳　真	(02)2971-6577
香海悅讀網	https://gandhabooks.com
電子信箱	gandha@ecp.fgs.org.tw
劃撥帳號	19110467
戶　名	香海文化事業有限公司
總　經　銷	時報文化出版企業股份有限公司
地　址	333桃園縣龜山鄉萬壽路二段351號
電　話	(02)2306-6842
法律顧問	舒建中、毛英富
登　記　證	局版北市業字第1107號
定　價	新臺幣310元
出　版	2022年3月初版一刷
I S B N	978-986-06831-2-7
建議分類	讀書會｜閱讀指導

國家圖書館出版品預行編目（CIP）資料

共讀美好的對話：開啟修心之門 / 方隆彰 著；
--初版 .-- 新北市 ： 香海文化事業有限公司,
2022.03　272面；14.5×21公分. --
ISBN 978-986-06831-2-7(平裝) --
1.讀書會　2.閱讀指導

528.18　　　　　　　　　　110022621